한 권으로 끝내는 여행중국어

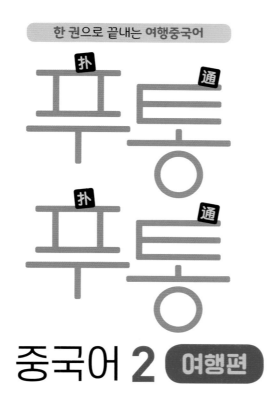

푸퉁푸퉁

중국어 **2** 여행편

이혜임 저

시사중국어사

푸퉁푸퉁 중국어 2 여행편

초판인쇄	2020년 8월 20일
초판발행	2020년 9월 10일

저자	이혜임
책임 편집	하다능, 최미진, 高霞, 가석빈
펴낸이	엄태상
디자인	이건화
조판	이서영
콘텐츠 제작	김선웅, 전진우, 김담이
마케팅	이승욱, 왕성석, 노원준
전략홍보	전한나, 정지혜, 조인선, 조성민
경영기획	마정인, 최성훈, 정다운, 김다미, 전태준, 오희연
물류	정종진, 윤덕현, 양희은, 신승진

펴낸곳	시사중국어사(시사북스)
주소	서울시 종로구 자하문로 300 시사빌딩
주문 및 교재 문의	1588-1582
팩스	(02)3671-0500
홈페이지	http://www.sisabooks.com
이메일	book_chinese@sisadream.com
등록일자	1988년 2월 13일
등록번호	제1 - 657호

ISBN 979-11-5720-178-5 14720
　　　979-11-5720-165-5(set)

머리말

21세기 글로벌 시대에 전 세계 인구 1위이자 G2 국가인 중국의 언어, 팍스 시니카(Pax Sinica) 시대의 중국어를 배우는 것은 세계인의 필수 교양이라고 할 수 있습니다. 나날이 중시되는 중국어를 유창하게 구사할 수 있다면 매력적인 인재가 될 것입니다. 이 책은 중국어와 중국 문화에 대한 흥미유발적 학습을 통해 국제화의 자질을 함양시키며 중국인과 자유롭게 의사소통할 수 있는 능력을 배양시키는 데에 주안점을 두어 집필되었습니다.

이 책은 현장감을 최대한 살린 중국 현지 여행을 대화의 배경으로 하여 대학교 관광중국어 혹은 비즈니스중국어 수업에서 교재로 활용이 가능하며 필자가 오랜 기간 중국에서 생활하면서 몸소 체험한 것을 바탕으로, 한국 학생이 중국 여행 시 실제로 접할 수 있는 상황에서 필요한 다양한 표현을 전 단원에 유기적으로 담아냈습니다. 또한 대학교, 국가 기관, 기업체 중국 주재원 등 중국어 교육 현장에서 20여 년 간 중국어를 지도한 풍부한 경험과 축적된 전문 지식을 바탕으로 보다 쉽고도 실제 활용 가능한 중국어 교재를 만들고자 노력했습니다.

회화에서는 현지에서 사용하는 중국식 표현을 담았고, 듣기, 말하기, 읽기, 쓰기의 반복 학습을 통해 본문과 핵심 문법을 완전히 숙지하고 체화시킬 수 있도록 하였습니다. 또한 HSK와 TSC를 준비하는 학생들의 어휘 확장을 위해 확인 학습과 플러스 단어를 제시하였으며, 특히 사진으로 배우는 중국어와 중국 문화 산책은 실제 중국의 다양한 사진들을 실었습니다. 따라서 중국의 언어와 문화 등 다방면에 걸쳐 설명을 제시하여 학생들의 흥미 유발과 학습 효과 두 가지 측면을 기대할 수 있습니다.

한낱 나비의 날갯짓이 거대한 태풍을 몰고 오듯이 세상의 변화는 아주 작은 것에서부터 시작됩니다. 『푸통푸통 중국어2 여행편』을 통해 매일 꾸준히 공부하고 실력이 향상되어 나비 효과처럼 여러분이 이루고자 하는 소중한 꿈이 언젠가 모두 현실화되기를 소망합니다. 필자는 교재 삽화와 디자인 등 창의적인 편집 작업으로 이 책을 더욱 빛내주신 시사북스 출판사에게 진심으로 감사의 뜻을 전하고 싶습니다.

祝各位美梦成真，前途光明!

여러분의 꿈이 이루어지기를, 더 나은 미래로 나아가기를 바랍니다.

저자 이혜임

차례

이 책의 구성

● 학습 내용 · 핵심 문법
& 사진으로 배우는 중국어

본 과에서 배울 내용을 확인하고, 본문 학습 전 주제와 관련된 사진을 보면서 사진 속 단어를 학습할 수 있습니다. 중국 현지의 모습과 흥미로운 사진을 보면서 가벼운 마음으로 학습을 준비할 수 있습니다.

● 새 단어 & 중국어 문장

회화에 등장하는 새로운 단어를 정리한 코너로, 학습을 시작하기 전에 충분히 익힐 수 있습니다. 총 6개의 중국어 문장은 본 과의 주제와 관련된 표현들로 구성하여 본문에 들어가기 전 유용한 표현을 먼저 확인할 수 있습니다.

● 회화

1~11과는 상하이 · 시안 여행과 관련된 2개의 본문회화로 구성되어 있고, 마지막 12과는 이메일 형식의 단문 2개로 구성되어 있습니다. 실생활에 필요한 기본적인 회화 표현을 학습할 수 있습니다.

● 학습 포인트

회화 문장 속 중요한 어법 및 문형을 알기 쉽게 제시하였습니다. 쉬운 예문 설명과 Tip으로 학습의 이해를 돕습니다.

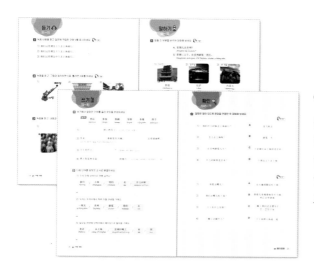

● 확인 학습

듣기, 말하기, 쓰기 문제를 통해 배웠던 표현을 확인해 보고, 확인 코너에서는 어울리는 문장을 서로 연결해 보면서 본 단원의 학습 내용을 정리할 수 있습니다. 문장을 반복해서 학습하며 자연스럽게 표현을 암기할 수 있습니다.

● 플러스 단어

본문에 나오지 않았던 주제와 관련된 단어를 학습할 수 있습니다. 좀 더 다양한 단어를 알고, 본문 회화 문장 속 단어와 치환하여 말하기 연습도 할 수 있습니다.

● 중국 문화 산책

중국의 각 지역 및 특색 있는 장소를 생생한 사진으로 직접 느낄 수 있습니다.

● [별책 부록] WORKBOOK

매과에 등장하는 단어와 핵심 문장 6개를 쉽게 기억할 수 있도록 배치했습니다. 또한 본문의 새 단어 중 중요한 단어를 골라 간체자 쓰기를 함께 수록하여 중국어 쓰기의 기본이 되는 획순까지 꼼꼼하게 연습할 수 있습니다.

李秀英 Lǐ Xiùyīng

- 이수영
- 23살, 한국인, 대학생

宋丽丽 Sòng Lìlì

- 송리리
- 23살, 중국인, 대학생

朴大韩 Piáo Dàhán

- 박대한
- 23살, 한국인, 대학생

马克 Mǎkè

- 마크
- 23살, 독일인, 대학생

품사

명	명사	접	접속사
대	대명사	전	전치사(개사)
동	동사	조	조사
형	형용사	감	감탄사
조동	조동사	수	수사
부	부사	양	양사

UNIT 01

旅行安排
lǚxíng ānpái

여행 계획

학습 내용

1. 상하이 등 일주일 여행 계획하기 咱们什么时候去上海旅行?
2. 시안 하루 여행 계획하기 终于到了西安了。
3. '더파창'에서 만두 코스 먹기 晚上我们还去德发长吃饺子宴。

핵심 문법

1. 시량보어(1)
2. 방향보어
3. 동태조사 '了'와 어기조사 '了'

시안 탕런지에(唐人街): 시안에서 가장 번화한 거리

사진으로
배우는
중국어

上海 东方明珠塔
Shànghǎi Dōngfāng
míngzhū tǎ
상하이 동팡밍주탑

上海 豫园
Shànghǎi Yùyuán
상하이 위위엔

上海 南京路
Shànghǎi Nánjīnglù
상하이 난징루

上海 田子坊
Shànghǎi Tiánzi fāng
상하이 텐즈팡

苏州 拙政园
Sūzhōu Zhuōzhèngyuán
쑤저우 쭈어쩡위엔

杭州 西湖
Hángzhōu Xīhú
항저우 시후

회화 1

- 旅行 lǚxíng 명 여행 동 여행하다
- 游览 yóulǎn 동 유람하다, 관광하다

고유 명사

- 苏州 Sūzhōu 쑤저우
- 杭州 Hángzhōu 항저우

회화 2

- 终于 zhōngyú 부 결국
- 先…然后… xiān… ránhòu… 우선 ~, 그 다음에 ~
- 参观 cānguān 동 참관하다, 구경하다
- 附近 fùjìn 명 근처, 부근
- 安排 ānpái 명 스케줄 동 계획하다
- 逛 guàng 동 구경하다, 돌아다니다
- 热闹 rènao 형 번화하다, 떠들썩하다

고유 명사

- 西安 Xī'ān 시안
- 秦始皇兵马俑 Qínshǐhuáng bīngmǎyǒng 진시황 빙마용, 병마용
- 华清池 Huáqīngchí 화칭츠 [당현종과 양귀비가 사랑을 나누던 곳]
- 大雁塔 Dàyàntǎ 따옌타, 대안탑 [당나라 현장법사가 인도(天竺)에서 가져온 불경을 번역하고 보관하기 위해 지은 7층 석탑]
- 唐人街 Tángrénjiē 탕런지에 [시안에서 가장 번화한 곳]
- 德发长 Défācháng 더파창, 덕발장 [시안에 있는 만두 코스 전문점]
- 饺子宴 jiǎozi yàn 만두 코스

1 咱们什么时候去上海旅行?

Zánmen shénme shíhou qù Shànghǎi lǚxíng?

우리 언제 상하이로 여행 갈까요?

2 在苏州游览一两天。

Zài Sūzhōu yóulǎn yì liǎng tiān.

쑤저우에서 하루 이틀 유람할 거예요.

3 终于到了西安了。

Zhōngyú dào le Xī'ān le.

드디어 시안에 도착했어요.

4 我们先去参观秦始皇兵马俑，然后去华清池吧。

Wǒmen xiān qù cānguān Qínshǐhuáng bīngmǎyǒng, ránhòu qù Huáqīngchí ba.

우리 우선 진시황 빙마용을 구경한 후에 화칭츠로 가요.

5 下午五点到唐人街逛一逛。

Xiàwǔ wǔ diǎn dào Tángrénjiē guàng yi guàng.

오후 5시에 탕런지에에 가서 구경할 거예요.

6 晚上我们还去德发长吃饺子宴。

Wǎnshang wǒmen hái qù Défācháng chī jiǎozi yàn.

저녁에 우리는 또 더파창에 가서 만두 코스를 먹을 거예요.

회화 1

여행 일정 계획하기1

李秀英 咱们什么时候去上海旅行？
Zánmen shénme shíhou qù Shànghǎi lǚxíng?

宋丽丽 下星期一早上坐飞机去上海。
Xià xīngqīyī zǎoshang zuò fēijī qù Shànghǎi.

李秀英 星期几去苏州？
Xīngqī jǐ qù Sūzhōu?

宋丽丽 星期三上午。在苏州游览一两天。
Xīngqīsān shàngwǔ. Zài Sūzhōu yóulǎn yì liǎng tiān.

李秀英 还去什么地方？
Hái qù shénme dìfang?

宋丽丽 星期四下午到杭州。
Xīngqīsì xiàwǔ dào Hángzhōu.

李秀英 什么时候回北京来？
Shénme shíhou huí Běijīng lái?

宋丽丽 星期日晚上。
Xīngqīrì wǎnshang.

PLUS 회화 표현

● 上有天堂，下有苏杭。
Shàng yǒu tiāntáng, xià yǒu Sūháng.
하늘에는 천당이 있고, 땅에는 쑤저우와 항저우가 있다. [쑤저우와 항저우 지역의 아름다움을 비유함]

1 시량보어(1)

시량보어는 보통 동사 뒤에 놓여 어떤 동작이나 상태가 얼마 동안 지속되었거나 지속될 것임을 나타낸다.

- 在苏州游览一两天。 쑤저우에서 하루 이틀 유람해요.
  Zài Sūzhōu yóulǎn yì liǎng tiān.

- 休息十分钟。 10분 쉬세요.
  Xiūxi shí fēnzhōng.

2 방향보어

방향보어 '来'와 '去'는 동사의 뒤에 놓여 동작의 방향을 나타낸다. 동작이 말하는 사람과 가까워지면 '来'를 쓰고, 반대로 멀어지면 '去'를 사용한다. 동사와 방향보어 사이에 장소를 놓는다는 점을 주의하자.

단순방향보어의 형식: 동사 + (장소) + 来/去(방향보어)

- 星期日晚上从上海回北京来。 일요일 저녁에 상하이에서 베이징으로 돌아옵니다.
  Xīngqīrì wǎnshang cóng Shànghǎi huí Běijīng lái.

- 爸爸回家来了。 아빠가 집으로 돌아오셨다.
  Bàba huí jiā lái le.

- 老师进教室来了。 선생님은 교실로 들어오셨다.
  Lǎoshī jìn jiàoshì lái le.

복합방향보어의 형식: 동사 + [동사 + (장소) + 来/去(방향보어)]
복합방향보어

- 走进房间来 zǒujìn fángjiān lái 방으로 걸어 들어오다
- 跑进教室来 pǎojìn jiàoshì lái 교실로 뛰어 들어오다
- 爬上山去 páshàng shān qù 산으로 올라가다

 방향보어

	上	下	进	出	回	过	起
来	上来	下来	进来	出来	回来	过来	起来
去	上去	下去	进去	出去	回去	过去	·

 참고 단어

跑 pǎo 동 뛰다

회화 2 💬 여행 일정 계획하기2

马克　终于到了西安了。
Zhōngyú dào le Xī'ān le.

朴大韩　我们先去参观秦始皇兵马俑，然后去华清池吧。
Wǒmen xiān qù cānguān Qínshǐhuáng bīngmǎyǒng, ránhòu qù Huáqīngchí ba.

马克　在哪儿吃午饭？
Zài nǎr chī wǔfàn?

朴大韩　在大雁塔附近吃午饭。
Zài Dàyàntǎ fùjìn chī wǔfàn.

马克　下午有什么安排？
Xiàwǔ yǒu shénme ānpái?

朴大韩　下午五点到唐人街逛一逛。
Xiàwǔ wǔ diǎn dào Tángrénjiē guàng yi guàng.

那里是西安最热闹的地方。
Nà li shì Xī'ān zuì rènao de dìfang.

马克　晚上呢？
Wǎnshang ne?

朴大韩　晚上我们还去德发长吃饺子宴。
Wǎnshang wǒmen hái qù Défācháng chī jiǎozi yàn.

 회화 표현

● **表演绝了!** 공연이 훌륭하네요!
Biǎoyǎn jué le!

1 동태조사 '了'와 어기조사 '了'

① 동태조사 '了'

동태조사 '了'는 동작의 완성을 나타낸다. 올바른 문장이 되려면 목적어는 수사, 양사, 기타 관형어가 와야 하거나 복잡한 부사어가 있어야 한다.

- 小王昨天买了两件衣服。 샤오왕은 어제 옷 두 벌을 샀다.
  Xiǎo Wáng zuótiān mǎi le liǎng jiàn yīfu.

- 他们在教室里学了汉语。 그들은 교실에서 중국어를 배웠다.
  Tāmen zài jiàoshì li xué le Hànyǔ.

② 어기조사 '了'

어기조사 '了'는 문장 끝에 쓰여 어떤 일이나 상황이 이미 발생했거나 혹은 새로운 상황의 출현, 상황의 변화를 나타낸다.

- 我已经吃饭了。 나는 이미 밥을 먹었다.
  Wǒ yǐjīng chīfàn le.

- 下雨了。 비가 온다.
  Xiàyǔ le.

- 天气不冷了。 날씨가 풀렸다.
  Tiānqì bù lěng le.

③ 동태조사 '了'와 어기조사 '了'가 함께 쓰이는 경우

첫 번째 '了'는 동사 뒤에서 동작의 완성을 나타내는 동태조사이고, 두 번째 '了'는 문장 끝에서 동작이 실현되었거나 혹은 현재까지 계속 지속되고 있음을 나타내는 어기조사이다.

- 终于到了西安了。 드디어 시안에 도착했다.
  Zhōngyú dào le Xī'ān le.

- 我等了一个小时了。 나는 한 시간째 기다리고 있다.
  Wǒ děng le yí ge xiǎoshí le.

참고 단어

已经 yǐjīng 부 이미, 벌써 | **下雨** xiàyǔ 동 비가 오다

듣기 🎧
听一听

1 녹음 내용을 듣고 질문에 적합한 것에 V를 표시하세요.

1) 他们这星期五上午去上海旅行。 ☐

2) 他们这星期五下午去上海旅行。 ☐

3) 他们这星期五中午去上海旅行。 ☐

2 녹음을 듣고, 그림과 일치하면 O표, 틀리면 X표를 하세요.

1)  ◯

2) 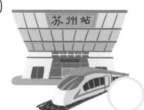 ◯

3)  ◯

3 녹음을 듣고, 내용과 일치하는 사진을 골라 번호를 쓰세요.

1)

2)

3)

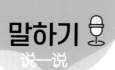

말하기
说一说

1 밑줄 친 부분을 바꾸어 대화해 보세요. 🎙 01-08

A: 星期几去<u>苏州</u>?
　　Xīngqī jǐ qù Sūzhōu?
B: 星期三上午。在<u>苏州</u>游览<u>一两天</u>。
　　Xīngqīsān shàngwǔ. Zài Sūzhōu yóulǎn yì liǎng tiān.

1) 5시간

敦煌
Dūnhuáng
둔황

2) 일주일

拉萨
Lāsà
라사

3) 반 개월

内蒙古
Nèiménggǔ
내몽고

2 밑줄 친 부분을 바꾸어 문장을 완성해 보세요. 🎙 01-09

我们先去参观<u>秦始皇兵马俑</u>，然后去<u>华清池</u>。
Wǒmen xiān qù cānguān Qínshǐhuáng bīngmǎyǒng, ránhòu qù Huáqīngchí.

1)

北海公园
Běihǎi gōngyuán
베이하이 공원

什刹海
Shíchàhǎi
스차하이

2)

老北京胡同
lǎo Běijīng hútòng
옛 베이징 골목

四合院
sìhéyuàn
쓰허위엔

3 중국의 관광 도시를 선택하여 하루의 여행 일정을 계획해 보세요.

上海	东方明珠塔 → 南京路 → 豫园城皇庙 → 新天地
西安	秦始皇兵马俑 → 华清池 → 西安城墙 → 唐人街

쓰기 ✏️
写一写

1 보기에서 알맞은 단어를 골라 문장을 완성하세요.

> **보기**
>
> | 然后 | 参加 | 热闹 | 安排 | 参观 | 终于 |
> |------|------|------|------|------|------|
> | ránhòu | cānjiā | rènao | ānpái | cānguān | zhōngyú |

1) ＿＿＿＿＿＿＿＿＿＿ 到了西安了。　드디어 시안에 도착했다.

2) 先去 ＿＿＿＿＿＿＿＿ 秦始皇兵马俑，＿＿＿＿＿＿＿＿ 去华清池吧。
우선 진시황 빙마용을 관람한 후에 화칭츠로 가자.

3) 下午有什么 ＿＿＿＿＿＿＿＿？　오후에는 어떤 계획이 있나요?

4) 唐人街是西安最 ＿＿＿＿＿＿＿＿ 的地方。　탕런지에는 시안에서 가장 번화한 곳이에요.

2 다음 단어를 알맞은 순서로 배열하세요.

1) 우리 언제 상하이로 여행 갈까요?

旅行	上海	咱们	去	什么时候
lǚxíng	Shànghǎi	zánmen	qù	shénme shíhou

➡ ＿＿＿＿＿＿＿＿＿＿＿＿＿＿＿＿＿＿＿＿＿

2) 우리는 쑤저우에서 하루 이틀 관광할 거예요.

一两天	苏州	游览	我们	在
yì liǎng tiān	Sūzhōu	yóulǎn	wǒmen	zài

➡ ＿＿＿＿＿＿＿＿＿＿＿＿＿＿＿＿＿＿＿＿＿

3) 일요일 저녁에 상하이에서 베이징으로 돌아올 거예요.

北京	从上海	星期日晚上	来	回
Běijīng	cóng Shànghǎi	xīngqīrì wǎnshang	lái	huí

➡ ＿＿＿＿＿＿＿＿＿＿＿＿＿＿＿＿＿＿＿＿＿

확인

총결一下

🌸 알맞은 말이 되도록 문장을 연결한 후 대화해 보세요.

01-10

1) 咱们什么时候去上海旅行？

2) 怎么去上海呢？

3) 在苏州游览几天？

4) 什么时候回北京来？

A　　　坐飞机去。

B　　　游览一天。

C　　下星期天从上海回北京来。

D　　下周五上午去上海。

01-11

1) 你想去哪儿？

2) 我们在哪儿吃午饭？

3) 下午有什么安排？

4) 晚上还做什么？

A　　在大雁塔附近吃午饭。

B　我想先参观秦始皇兵马俑，
　　　然后去华清池。

C　　晚上我们还去德发长
　　　尝一尝饺子宴。

D　　下午到唐人街逛一逛。

去哪儿旅行 취날뤼싱
Qù nǎr lǚxíng

중국 종합 여행 서비스 앱. 하나의 앱으로 항공권, 기차표, 호텔, 입장권 등 한 번에 예약할 수 있다.

滴滴出行 디디추싱
Dīdī chūxíng

중국판 우버택시. 한국의 카카오택시 앱과 유사하다. 한국에서 발급받은 해외 사용 가능 신용카드로 결제가 가능하다.

百度地图 바이두 맵
Bǎidù dìtú

중국판 구글 맵. 중국 내에서는 구글, 네이버 등 우리가 자주 쓰는 사이트 접속이 막혀 있다. 바이두 맵을 활용해 중국어 지명을 입력할 수 있다면 유용한 여행 길잡이가 되어 줄 것이다.

地铁通 띠티에통
Dìtiětōng

중국 지하철 정보 종결 앱. 중국 대도시에서는 지하철을 타고 이동하는 경우가 많은데, 이 앱은 중국 모든 도시의 지하철 노선도를 제공하며 지하철역과 환승 구역을 쉽게 찾을 수 있게 되어 있다.

VPN 마스터

IP 주소 우회 앱. 중국은 유튜브, 페이스북, 인스타그램, 네이버 등을 사용하지 못하게 막아놨기 때문에 VPN 서비스를 통해 IP를 우회해서 접속해야 한다.

중국 문화 산책

실크로드의 관문, 시안(西安)

실크로드가 가장 활발했던 시기는 당대(唐代: 618~907)였고 그 전성기를 이끈 황제는 개원성세(开元盛世)를 이룩한 당 현종(唐玄宗)이었다. 8세기 100만 인구의 시안은 국제도시로 번창하여 쇄도하는 외국 사신들로 가득했으며 유럽보다 부유한 역사상 전례 없는 물질적 풍요를 이루었다. 20세기가 아메리칸 드림의 시대였다면 8세기는 'Tang Dream'의 시대로, 시안은 부유, 자유, 관용, 낭만으로 가득했다. 시진핑 주석이 외치는 '중국의 꿈(中国梦)'의 뿌리가 바로 이 성당(盛唐)의 재현이다.

✛ 진시황 빙마용 박물관

✛ 건릉
당 고종과 측천무후의 합장묘

✛ 화칭츠

✛ 시안 성벽

✛ 더파창 만두 코스

✛ 회족 시장거리

UNIT 02

乘车
chéng chē

차 타기

학습 내용
1. 버스 타기 去外滩，坐几路车呢?
2. 택시 타기 靠边儿停车吧。
3. "영수증 필요하세요?" 你要发票吗?

핵심 문법
1. 정도보어
2. 임박태 '要…了'
3. 가정문 '…的话'

둔황의 월아천(月牙泉)과 명사산(鸣沙山)

사진으로
배우는
중국어

868路公交车
bā liù bā lù gōngjiāochē
868번 버스

出租汽车
chūzū qìchē
택시

一卡通
yìkǎtōng
스마트 통합 카드
[택시·버스·지하철 등
에서 모두 사용 가능한
충전식 카드]

司机 / 师傅
sījī / shīfu
운전기사

회화 1 💬

- 路 lù 양 번 [버스 노선을 나타내는 양사]
- 站 zhàn 명 역, 정류장
- 乘客 chéngkè 명 승객
- …的时候 … de shíhou ~할 때, ~하는 동안
- 告诉 gàosu 동 알리다, 알려주다
- 吧 ba 조 ~이죠? [추측을 나타내는 의문조사]
- 得 de 조 구조조사 [결과·정도를 표시하는 보어를 연결하는 역할]
- 不错 búcuò 형 나쁘지 않다, 좋다
- 哪里哪里 nǎli nǎli 별말씀을요 [칭찬 받았을 때 쓰는 겸손의 표현]
- 差 chà 동 부족하다
- 快要…了 kuàiyào … le 곧 ~하려고 하다
- 下一站 xià yí zhàn 명 다음 역
- 下车 xià chē 차에서 내리다

고유 명사

- 百度地图 Bǎidù dìtú 바이두 맵
- 外滩 Wàitān 와이탄

회화 2 💬

- 司机 sījī 명 운전기사
- 师傅 shīfu 명 선생님 [기술자, 운전기사님 등]
- 博物馆 bówùguǎn 명 박물관
- 堵车 dǔchē 동 차가 막히다
- …的话 … dehuà 조 (만약) ~라면
- 大概 dàgài 부 대개, 대략
- 靠边儿 kàobiānr 동 (길)옆으로 붙다
- 停车 tíngchē 동 세우다, 멈추다
- 一卡通 yìkǎtōng 명 스마트 통합 카드 [택시·버스·지하철 등에서 모두 사용 가능한 충전식 카드]
- 发票 fāpiào 명 영수증

1 到站的时候告诉我，好吗?

Dào zhàn de shíhou gàosu wǒ, hǎo ma?

역에 도착하면 알려 주시겠어요?

2 你汉语说得很不错。

Nǐ Hànyǔ shuō de hěn búcuò.

당신은 중국어를 잘 하시네요.

3 外滩快要到了。

Wàitān kuàiyào dào le.

와이탄에 곧 도착합니다.

4 师傅，从这儿到那儿要多长时间?

Shīfu, cóng zhèr dào nàr yào duō cháng shíjiān?

기사님, 여기서 거기까지 얼마나 걸려요?

5 不堵车的话，大概要一个小时。

Bù dǔchē dehuà, dàgài yào yí ge xiǎoshí.

차가 안 막히면, 대략 한 시간 걸립니다.

6 靠边儿停车吧。

Kàobiānr tíngchē ba.

길옆에 차를 세워 주세요.

회화 1 💬

버스 타기

李秀英　去外滩，坐几路公交车呢？
　　　　Qù Wàitān, zuò jǐ lù gōngjiāochē ne?

宋丽丽　看看百度地图吧。是868路。
　　　　Kànkan Bǎidù dìtú ba. Shì bā liù bā lù.

　　　　（在公交车上）
　　　　(zài gōngjiāochē shang)

李秀英　请问，到外滩还有几站？
　　　　Qǐngwèn, dào Wàitān hái yǒu jǐ zhàn?

乘客　　还有三站。
　　　　Hái yǒu sān zhàn.

李秀英　到站的时候告诉我，好吗？
　　　　Dào zhàn de shíhou gàosu wǒ, hǎo ma?

乘客　　好的。你是韩国人吧？你汉语说得很不错。
　　　　Hǎo de. Nǐ shì Hánguórén ba? Nǐ Hànyǔ shuō de hěn búcuò.

李秀英　哪里哪里，还差得远呢。
　　　　Nǎli nǎli, hái chà de yuǎn ne.

乘客　　外滩快要到了。下一站下车吧。
　　　　Wàitān kuàiyào dào le. Xià yí zhàn xià chē ba.

PLUS 회화 표현

● **掉头吧。** 유(U)턴 하세요.
　　Diào tóu ba.

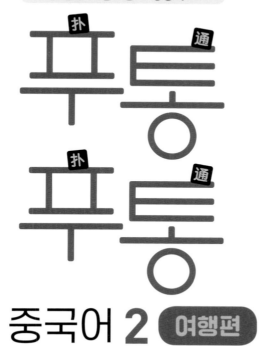

푸틍푸틍

중국어 2 여행편

이혜임 저

워크북

시사중국어사

단어 & 문장
대칭 연습

● 오른쪽 페이지를 가리고, 한국어 뜻을 맞춰 보세요.

生词

会话 1

旅行 lǚxíng　/　游览 yóulǎn

会话 2

终于 zhōngyú　/　先…然后… xiān… ránhòu…　/　参观 cānguān　/

附近 fùjìn　/　安排 ānpái　/　逛 guàng　/

热闹 rènao

句子

1　咱们什么时候去上海旅行?
Zánmen shénme shíhou qù Shànghǎi lǚxíng?

2　在苏州游览一两天。
Zài Sūzhōu yóulǎn yì liǎng tiān.

3　终于到了西安了。
Zhōngyú dào le Xī'ān le.

4　我们先去参观秦始皇兵马俑，然后去华清池吧。
Wǒmen xiān qù cānguān Qínshǐhuáng bīngmǎyǒng, ránhòu qù Huáqīngchí ba.

5　下午五点到唐人街逛一逛。
Xiàwǔ wǔ diǎn dào Tángrénjiē guàng yi guàng.

6　晚上我们还去德发长吃饺子宴。
Wǎnshang wǒmen hái qù Défācháng chī jiǎozǐyàn.

새 단어

회화 1

명 여행 동 여행하다 / 동 유람하다, 관광하다

회화 2

부 결국 / 우선 ~, 그 다음에~ / 동 참관하다, 구경하다 /

명 근처, 부근 / 명 스케줄 동 계획하다 / 동 구경하다, 돌아다니다 /

형 번화하다, 떠들썩하다

중국어 문장

1 우리 언제 상하이로 여행 갈까요?

2 쑤저우에서 하루 이틀 유람할 거예요.

3 드디어 시안에 도착했어요.

4 우리 우선 진시황 빙마용을 구경한 후에 화칭츠로 가요.

5 오후 5시에 탕런지에에 가서 구경할 거예요.

6 저녁에 우리는 또 더파창에 가서 만두 코스를 먹을 거예요.

● 오른쪽 페이지를 가리고, 한국어 뜻을 맞춰 보세요.

生词

会话 1

路 lù / 站 zhàn / 乘客 chéngkè /

···的时候 ···de shíhou / 告诉 gàosu / 吧 ba /

得 de / 不错 búcuò / 哪里哪里 nǎli nǎli / 差 chà /

快要···了 kuàiyào ··· le / 下一站 xià yí zhàn / 下车 xià chē

会话 2

司机 sījī / 师傅 shīfu / 博物馆 bówùguǎn / 堵车 dǔchē /

···的话 ··· dehuà / 大概 dàgài / 靠边儿 kàobiānr / 停车 tíngchē /

一卡通 yìkǎtōng / 发票 fāpiào

句子

1 到站的时候告诉我，好吗?
Dào zhàn de shíhou gàosu wǒ, hǎo ma?

2 你汉语说得很不错。
Nǐ Hànyǔ shuō de hěn búcuò.

3 外滩快要到了。
Wàitān kuàiyào dào le.

4 师傅，从这儿到那儿要多长时间?
Shīfu, cóng zhèr dào nàr yào duō cháng shíjiān?

5 不堵车的话，大概要一个小时。
Bù dǔchē dehuà, dàgài yào yí ge xiǎoshí.

6 靠边儿停车吧。
Kàobiānr tíngchē ba.

● 왼쪽 페이지를 가리고, 중국어로 바꾸어 보세요.

새 단어

회화 1

양 번 [버스 노선을 나타내는 양사] / 명 역, 정류장 / 명 승객 /

~할 때, ~하는 동안 / 동 알려주다 / 조 ~이죠? [추측을 나타내는 의문조사] /

조 보어를 연결하는 구조조사 / 형 나쁘지 않다 / 별말씀을요 / 동 부족하다 /

곧 ~하려고 하다 / 명 다음 역 / 차에서 내리다

회화 2

명 운전기사 / 명 선생님 [기술자, 운전기사 등] / 명 박물관 / 동 차가 막히다 /

조 (만약) ~라면 / 부 대개, 대략 / 동 (길)옆으로 붙다 / 동 세우다, 멈추다 /

명 스마트 통합 카드 [충전식 교통 카드] / 명 영수증

중국어 문장

1 역에 도착하면 알려 주시겠어요?

2 당신은 중국어를 잘 하시네요.

3 와이탄에 곧 도착합니다.

4 기사님, 여기서 거기까지 얼마나 걸려요?

5 차가 안 막히면, 대략 한 시간 걸립니다.

6 길옆에 차를 세워 주세요.

● 오른쪽 페이지를 가리고, 한국어 뜻을 맞춰 보세요.

生词

会话 1

接待员 jiēdàiyuán / 预订 yùdìng / 位 wèi / 只 zhǐ /

单人间 dānrénjiān / 标准间 biāozhǔnjiān / 办法 bànfǎ / 帮忙 bāngmáng /

巧 qiǎo / 客人 kèrén / 退房 tuìfáng / 押金 yājīn / 刷微信 shuā wēixìn

会话 2

淋浴 línyù / 坏 huài / 帮 bāng / 修 xiū /

马上 mǎshàng / 条 tiáo / 毛巾 máojīn / 无线网 wúxiànwǎng /

密码 mìmǎ / 免费 miǎnfèi / 使用 shǐyòng

句子

1
你预订房间了吗?
Nǐ yùdìng fángjiān le ma?

2
只有单人间,没有标准间。
Zhǐ yǒu dānrénjiān, méiyǒu biāozhǔnjiān.

3
太巧了。有一个客人要退房。
Tài qiǎo le. Yǒu yí ge kèrén yào tuìfáng.

4
我马上来。
Wǒ mǎshàng lái.

5
请给我几条毛巾。
Qǐng gěi wǒ jǐ tiáo máojīn.

6
这里WIFI(无线网)密码是多少?
Zhè li WIFI(wúxiànwǎng) mìmǎ shì duōshao?

● 왼쪽 페이지를 가리고, 중국어로 바꾸어 보세요.

새 단어

회화 1

명 접대원 / 동 예약하다 / 양 분 [사람을 높여 부르는 단위] / 부 다만, 단지 /

명 싱글룸(1인실) / 명 스탠다드룸(2인실) / 명 방법 / 동 돕다 /

형 공교롭다 / 명 손님 / 동 체크아웃하다 / 명 보증금 / 위챗으로 결제하다

회화 2

명 샤워기 / 형 나쁘다, 망가지다 / 동 돕다 / 동 수리하다, 고치다 /

부 바로, 즉시, 곧 / 양 가늘고 긴 것을 세는 단위 / 명 수건 / 명 와이파이 /

명 비밀번호 / 명 무료 / 명 사용 동 사용하다

중국어 문장

1 방을 예약하셨나요?

2 1인실만 있고, 2인실은 없어요.

3 다행히 체크아웃하려는 손님이 있어요.

4 제가 바로 가겠습니다.

5 수건 몇 장만 주세요.

6 여기 와이파이 비밀번호가 어떻게 되죠?

● 오른쪽 페이지를 가리고, 한국어 뜻을 맞춰 보세요.

生词

会话 1

菜单 càidān / 点菜 diǎncài / 爱 ài /

又…又… yòu … yòu … / 酸 suān / 甜 tián /

松鼠鳜鱼 sōngshǔ guìyú / 大闸蟹 dàzháxiè / 酸辣汤 suānlàtāng /

小笼包 xiǎolóngbāo / 主食 zhǔshí / 还是 háishi / 碗 wǎn /

饮料 yǐnliào / 壶 hú / 花茶 huāchá

会话 2

别 bié / 放 fàng / 香菜 xiāngcài / 拿 ná / 餐巾纸 cānjīnzhǐ /

稍 shāo / 等 děng / 买单 mǎidān / 扫 sǎo / 打包 dǎbāo

句子

1 这是菜单。请点菜。
Zhè shì càidān. Qǐng diǎncài.

2 我爱吃又酸又甜的。
Wǒ ài chī yòu suān yòu tián de.

3 你们吃米饭还是面条?
Nǐmen chī mǐfàn háishi miàntiáo?

4 别放香菜。
Bié fàng xiāngcài.

5 请给我拿几张餐巾纸。
Qǐng gěi wǒ ná jǐ zhāng cānjīnzhǐ.

6 我们的菜还没上来，能快点儿吗?
Wǒmen de cài hái méi shànglái, néng kuài diǎnr ma?

새 단어

회화 1

명 메뉴 / 동 요리를 주문하다 / 동 사랑하다, 좋아하다 /

~하기도 하고 ~하기도 하다 / 형 시다, 새콤하다 / 형 달다 /

송슈꿰위 [쏘가리 요리] / 따쟈씨에 [털게찜 요리] / 쏸라탕 /

샤오룽빠오 / 명 주식 / 접 아니면 / 양 그릇·공기를 세는 단위 /

명 음료 / 양 주전자를 세는 단위 / 명 화차, 꽃차

회화 2

부 ~하지 마라 / 동 ~에 넣다, ~에 놓다 / 명 고수 / 동 가지다, 들다 / 명 냅킨 /

부 약간, 다소 / 동 기다리다 / 동 계산하다 / 동 스캔하다 / 동 포장하다

중국어 문장

1   여기 메뉴입니다. 주문하시겠어요?

2   나는 새콤달콤한 것을 좋아해요.

3   여러분은 밥으로 하시겠어요, 면으로 하시겠어요?

4   고수는 빼 주세요.

5   냅킨 몇 장만 가져다 주세요.

6   요리가 아직 안 나왔는데, 좀 서둘러 주실 수 있나요?

● 오른쪽 페이지를 가리고, 한국어 뜻을 맞춰 보세요.

生词

会话 1

欢迎光临 huānyíng guānglín / 随便 suíbiàn / T恤 T xù / 可以 kěyǐ /

试试 shìshi / 穿 chuān / 多大号 duōdà hào / 中号 zhōnghào /

好看 hǎokàn / 不过 búguò / 肥 féi / 换 huàn /

小号 xiǎohào / 正合适 zhèng héshì / 极了 jíle

会话 2

高档 gāodàng / 最少 zuìshǎo / 再 zài

句子

1 欢迎光临！请随便看看。
Huānyíng guānglín! Qǐng suíbiàn kànkan.

2 这件T恤，我可以试试吗？
Zhè jiàn T xù, wǒ kěyǐ shìshi ma?

3 这件好看是好看，不过有点儿肥。
Zhè jiàn hǎokàn shì hǎokàn, búguò yǒudiǎnr féi.

4 太贵了。能便宜一点儿吗？
Tài guì le. Néng piányi yìdiǎnr ma?

5 这是中国最好的，高档的。
Zhè shì Zhōngguó zuì hǎo de, gāodàng de.

6 再便宜一点儿吧。
Zài piányi yìdiǎnr ba.

● 왼쪽 페이지를 가리고, 중국어로 바꾸어 보세요.

새 단어

회화 1

어서 오세요 / 부 마음대로, 편한 대로 / 명 티셔츠 / 조 ~해도 된다, ~할 수 있다 /

시험 삼아 한번 ~해보다 / 동 입다 / 몇 치수 / 명 중간 사이즈 /

형 예쁘다, 보기 좋다 / 접 그러나 / 형 헐렁하다, 크다 / 동 바꾸다, 갈아입다 /

명 작은 사이즈 / 딱 맞다, 딱 적합하다 / 부 매우, 굉장히

회화 2

형 고급스럽다 / 부 적어도, 최소한 / 부 다시, 또

중국어 문장

1 어서 오세요! 맘껏 둘러보세요.

2 이 티셔츠를 제가 한번 입어 봐도 될까요?

3 이 옷은 예쁘긴 예쁘지만 조금 헐렁해요.

4 너무 비싸요. 좀 싸게 해 줄 수 있나요?

5 이것은 중국에서 가장 좋은 것으로 고품질입니다.

6 조금 더 싸게 해 주세요.

● 오른쪽 페이지를 가리고, 한국어 뜻을 맞춰 보세요.

生词

会话 1

地铁站 dìtiězhàn / 就 jiù / 一直 yìzhí / 前 qián /

第 dì / 十字路口 shízì lùkǒu / 左 zuǒ /

拐 guǎi / 着 zhe

会话 2

劳驾 láojià / 便利店 biànlìdiàn / 对面 duìmiàn / 家 jiā /

过 guò / 马路 mǎlù / 右 yòu / 路 lù /

左边(儿) zuǒbiān(r) / 银行 yínháng / 旁边(儿) pángbiān(r)

句子

1 请问，我去南京路怎么走？
Qǐngwèn, wǒ qù Nánjīnglù zěnme zǒu?

2 一直往前走，到第一个十字路口往左拐。
Yìzhí wǎng qián zǒu, dào dì yí ge shízì lùkǒu wǎng zuǒ guǎi.

3 不太远。走着去要十分钟。
Bú tài yuǎn. Zǒuzhe qù yào shí fēnzhōng.

4 劳驾，这附近有便利店吗？
Láojià, zhè fùjìn yǒu biànlìdiàn ma?

5 先过马路，然后往右拐。
Xiān guò mǎlù, ránhòu wǎng yòu guǎi.

6 便利店在路的左边儿，银行旁边儿。
Biànlìdiàn zài lù de zuǒbiānr, yínháng pángbiānr.

새 단어

회화 1

명 지하철역 / 부 바로 [긍정의 어조를 강조] / 부 줄곧 / 명 앞 /

접두 제~, ~번 째 / 명 사거리 / 명 좌, 왼쪽 /

동 돌다 / 조 상태의 지속을 나타내는 조사

회화 2

동 실례합니다 / 명 편의점 / 명 맞은편 / 양 집 [가게·기업 등을 세는 단위] /

동 건너다 / 명 길, 대로 / 명 우, 오른쪽 / 명 길 양 (운수 기관 등의) 노선 /

명 왼쪽 / 명 은행 / 명 옆

중국어 문장

1 실례합니다. 난징루 가려면 어떻게 갑니까?

2 앞으로 쭉 가다가 첫 번째 사거리에서 왼쪽으로 도세요.

3 그다지 멀지 않아요. 걸어서 가면 10분 걸려요.

4 실례지만, 이 근처에 편의점이 있나요?

5 우선 길을 건넌 후에 오른쪽으로 도세요.

6 편의점은 길 왼쪽, 은행 옆에 있어요.

● 오른쪽 페이지를 가리고, 한국어 뜻을 맞춰 보세요.

生词

会话 1

喂 wéi / 错 cuò / 机票 jīpiào / 需要 xūyào /

左右 zuǒyòu / 单程 dānchéng / 往返 wǎngfǎn / 航班号 hángbānhào

会话 2

刚才 gāngcái / 通 tōng / 出差 chūchāi /

在…呢 zài … ne / 已经 yǐjīng

句子

1 喂！是国航吗？
Wéi! Shì Guóháng ma?

2 我预订两张去北京的机票。
Wǒ yùdìng liǎng zhāng qù Běijīng de jīpiào.

3 你要单程还是往返？
Nǐ yào dānchéng háishi wǎngfǎn?

4 刚才我给你打电话了，怎么打不通啊？
Gāngcái wǒ gěi nǐ dǎ diànhuà le, zěnme dǎbutōng a?

5 我在休息呢。
Wǒ zài xiūxi ne.

6 去北京的机票已经买到了。
Qù Běijīng de jīpiào yǐjīng mǎidào le.

● **왼쪽 페이지를 가리고, 중국어로 바꾸어 보세요.**

새 단어

회화 1

감 여보세요 / 형 틀리다, 나쁘다 / 명 비행기표 / 동 필요하다 /

명 쯤, 정도 / 명 편도 / 명 왕복 / 명 항공편

회화 2

명 방금 / 동 통하다 / 동 출장 가다 /

부 ~하고 있는 중이다 [진행을 나타냄] / 부 이미, 벌써

중국어 문장

1 여보세요! 중국국제항공입니까?

2 베이징행 비행기표 두 장을 예약하려고 합니다.

3 편도로 하시겠어요, 왕복으로 하시겠어요?

4 내가 아까 네게 전화했었는데, 왜 통화가 안 됐어?

5 나 쉬고 있어.

6 베이징행 비행기표를 이미 샀어요.

生词

会话 1

打折商品 dǎzhé shāngpǐn / 新款 xīnkuǎn / 手提包 shǒutíbāo /

牛皮 niúpí / 自己 zìjǐ / 用 yòng /

送 sòng / 种 zhǒng / 热卖商品 rèmài shāngpǐn /

受 shòu / 年轻人 niánqīngrén

会话 2

结账 jiézhàng / 护照 hùzhào / 现金 xiànjīn / 或者 huòzhě /

信用卡 xìngyòngkǎ / 让 ràng / 美元 měiyuán /

分开 fēnkāi / 包装 bāozhuāng

句子

1 这边是打折商品，那边是新款。
Zhèbiān shì dǎzhé shāngpǐn, nàbiān shì xīnkuǎn.

2 这种卖得很快，是不是?
Zhè zhǒng mài de hěn kuài, shì bu shì?

3 这是最近的热卖商品。
Zhè shì zuìjìn de rèmài shāngpǐn.

4 很受年轻人的欢迎。
Hěn shòu niánqīngrén de huānyíng.

5 请到这边来结账。
Qǐng dào zhèbiān lái jiézhàng.

6 这两个包分开包装吧。
Zhè liǎng ge bāo fēnkāi bāozhuāng ba.

새 단어

회화 1

할인 상품 / 명 신상품, 신상 / 명 핸드백 /

명 가죽 가방 / 명 자기, 스스로, 직접 / 동 사용하다 전 ~으로 /

동 선물하다, 배웅하다 / 양 종류 / 대박 상품, 히트 상품 /

동 받다 / 명 젊은이, 젊은 층

회화 2

동 계산하다 / 명 여권 / 명 현금 / 접 혹은 /

명 신용카드 / 동 ~로 하여금 ~하게 하다 [사역] / 명 달러 /

부 각각, 따로 동 헤어지다 / 동 포장하다

중국어 문장

1 이쪽은 할인 상품이고, 저쪽은 신상품입니다.

2 이런 종류는 잘 팔려요, 그렇죠?

3 이것은 최근 히트 상품입니다.

4 젊은 층에게 큰 인기랍니다.

5 이쪽으로 오셔서 계산하세요.

6 이 두 가방은 따로따로 포장해 주세요.

● 오른쪽 페이지를 가리고, 한국어 뜻을 맞춰 보세요.

生词

会话 1

舒服 shūfu / 突然 tūrán / 拉肚子 lā dùzi / 疼 téng /

厉害 lìhai / 得 děi / 输液 shūyè /

开药 kāiyào / 次 cì /

片 piàn / 明白 míngbai

会话 2

一…就… yī … jiù … / 头疼 tóuténg / 咳嗽 késou /

发烧 fāshāo / 嗓子 sǎngzi / 红 hóng / 感冒 gǎnmào /

量 liáng / 体温 tǐwēn / 度 dù / 打针 dǎzhēn

句子

1 你哪儿不舒服？
Nǐ nǎr bù shūfu?

2 疼得厉害。
Téng de lìhai.

3 请给我开点儿药。
Qǐng gěi wǒ kāi diǎnr yào.

4 我头疼、咳嗽，还有点儿发烧。
Wǒ tóuténg、késou, hái yǒudiǎnr fāshāo.

5 今天早上我一起床就头疼。
Jīntiān zǎoshang wǒ yì qǐchuáng jiù tóuténg.

6 吃三天药，好好儿休息就会好的。
Chī sān tiān yào, hǎohāor xiūxi jiù huì hǎo de.

● 왼쪽 페이지를 가리고, 중국어로 바꾸어 보세요.

회화 1

형 편하다, 쾌적하다 / 부 갑자기 / 동 배탈나다, 설사하다 / 동 아프다 /

형 심하다, 대단하다 / 조동 ~해야 한다 / 동 수액을 맞다, 링거를 맞다 /

동 약을 처방하다 / 양 번 [횟수를 나타내는 단위] /

양 알 [얇고 납작한 것을 세는 단위] / 동 알다, 이해하다

회화 2

~하자마자 바로 ~하다 / 동 두통이 있다, 머리가 아프다 / 동 기침하다 /

동 열나다 / 명 목구멍 / 형 붉다 / 명 감기 동 감기에 걸리다 /

동 재다 / 명 체온 / 양 도 [온도를 나타내는 단위] / 동 주사를 맞다

중국어 문장

1 어디가 불편하신가요?

2 심하게 아파요.

3 약을 좀 처방해 주세요.

4 두통에 기침이 나고 열이 조금 나요.

5 오늘 아침에 일어나자마자 머리가 아팠어요.

6 3일간 약을 먹고 푹 쉬면 나을 거예요.

● 오른쪽 페이지를 가리고, 한국어 뜻을 맞춰 보세요.

生词

会话 1

办 bàn / 登机手续 dēngjī shǒuxù / 出示 chūshì /

靠 kào / 窗 chuāng / 座位 zuòwèi / 行李 xíngli /

托运 tuōyùn / 重 zhòng / …不了 …buliǎo

会话 2

丢 diū / 着急 zháojí / 可能 kěnéng / 登机口 dēngjīkǒu /

样子 yàngzi / 长方形 chángfāngxíng / 牌子 páizi / 钱包 qiánbāo /

放心 fàngxīn / 尽量 jǐnliàng / 帮助 bāngzhù

句子

1 这儿办登机手续吗?
Zhèr bàn dēngjī shǒuxù ma?

2 我们想坐靠窗座位。
Wǒmen xiǎng zuò kào chuāng zuòwèi.

3 这个行李很重，我一个人拿不了。
Zhè ge xíngli hěn zhòng, wǒ yí ge rén nábuliǎo.

4 别着急，是在哪儿丢的?
Bié zháojí, shì zài nǎr diū de?

5 是黑色长方形的。牌子是古奇。
Shì hēisè chángfāngxíng de. Páizi shì Gǔqí.

6 放心吧。我们会尽量帮助你的。
Fàngxīn ba. Wǒmen huì jǐnliàng bāngzhù nǐ de.

새 단어

회화 1

동 처리하다, (수속을) 밟다 / 명 탑승 수속 / 동 제시하다 /

동 기대다, 의지하다 / 명 창문 / 명 자리, 좌석 / 명 짐, 트렁크 /

동 짐을 부치다 / 형 무겁다 / ~할 수 없다

회화 2

동 잃어버리다 / 형 조급하다, 조급해 하다 / 부 아마도, 어쩌면 / 명 탑승구 /

명 모습, 모양 / 명 직사각형 / 명 브랜드, 상표 / 명 지갑 /

형 안심하다 / 부 가능한, 최대한 / 동 돕다

중국어 문장

1 여기서 탑승 수속을 합니까?

2 우리는 창가 자리에 앉고 싶어요.

3 이 짐은 무거워서 저 혼자서는 들 수 없어요.

4 조급해 하지 마세요. 어디서 잃어버리셨나요?

5 검은색 직사각형으로 브랜드는 구찌예요.

6 안심하세요. 우리가 가능한 한 도와드릴게요.

● 오른쪽 페이지를 가리고, 한국어 뜻을 맞춰 보세요.

生词

会话 1

登机牌 dēngjīpái / 对 duì / 空姐 kōngjiě /

把 bǎ / 行李架 xínglijià

会话 2

番茄汁儿 fānqié zhīr / 鸡肉 jīròu / 牛排 niúpái /

抱歉 bàoqiàn / 麻烦 máfan / 还有 háiyǒu /

耳机 ěrjī / 毛毯 máotǎn

句子

1 请给我看一下您的登机牌。
Qǐng gěi wǒ kàn yíxià nín de dēngjīpái.

2 请让一下。
Qǐng ràng yíxià.

3 请把行李放在行李架上吧。
Qǐng bǎ xíngli fàngzài xínglijià shang ba.

4 我们有鸡肉和牛排，您要哪种?
Wǒmen yǒu jīròu hé niúpái, nín yào nǎ zhǒng?

5 麻烦你，能不能给我一个耳机和一条毛毯?
Máfan nǐ, néng bu néng gěi wǒ yí ge ěrjī hé yì tiáo máotǎn?

6 请稍等。马上给您。
Qǐng shāo děng. Mǎshàng gěi nín.

● 왼쪽 페이지를 가리고, 중국어로 바꾸어 보세요.

회화 1

명 탑승권 / 전 ~에게 / 명 스튜어디스 /

전 ~을(를) / 명 선반, 짐받이

회화 2

명 토마토주스 / 명 닭고기 / 명 비프 스테이크 /

동 죄송하다 / 동 폐를 끼치다, 귀찮게 하다 / 접 그리고 /

명 이어폰 / 명 담요

중국어 문장

1 탑승권을 보여 주시겠어요?

2 좀 비켜 주세요.

3 짐을 선반 위에 올려 주세요.

4 닭고기와 비프 스테이크가 있는데, 어떤 종류를 원하세요?

5 수고스럽겠지만 이어폰 하나와 담요 한 장을 주시겠어요?

6 잠시만요. 바로 드릴게요.

● 오른쪽 페이지를 가리고, 한국어 뜻을 맞춰 보세요.

生词

会话 1

这几天 zhè jǐ tiān / 心情 xīnqíng / 天气预报 tiānqì yùbào /

季节 jìjié / 旅游 lǚyóu / 品尝 pǐncháng / 美食 měishí /

方法 fāngfǎ / 愉快 yúkuài

会话 2

过 guò / 各种各样 gèzhǒng gèyàng / 冰灯 bīngdēng / 比 bǐ /

有时候 yǒushíhou / 大雪 dàxuě / 因为 yīnwèi / 滑冰 huábīng /

滑雪 huáxuě / 越来越 yuèláiyuè / 但是 dànshì / 流利 liúlì /

该 gāi / 希望 xīwàng / 更 gèng / 提高 tígāo /

水平 shuǐpíng / 敬上 jìngshàng

句子

1 秋天是旅行最好的季节。
Qiūtiān shì lǚxíng zuìhǎo de jìjiē.

2 我学汉语学了已经一年了。
Wǒ xué Hànyǔ xué le yǐjīng yì nián le.

3 我觉得旅行是一种学习汉语的好方法。
Wǒ juéde lǚxíng shì yì zhǒng xuéxí Hànyǔ de hǎo fāngfǎ.

4 学汉语越来越难，但是很有意思。
Xué Hànyǔ yuèláiyuè nán, dànshì hěn yǒuyìsi.

5 我能说一口流利的汉语，那该多好!
Wǒ néng shuō yì kǒu liúlì de Hànyǔ, nà gāi duō hǎo!

6 希望更快地提高我的汉语水平。
Xīwàng gèng kuài de tígāo wǒ de Hànyǔ shuǐpíng.

새 단어

회화 1

요즘, 최근 / 명 기분 / 명 날씨 예보 /

명 계절 / 명 여행 동 여행하다 / 동 맛보다 / 명 맛있는 음식 /

명 방법 / 형 유쾌하다, 기쁘다

회화 2

동 지내다, 보내다 / 각양각색 / 명 얼음등 / 전 ~보다 /

부 때때로, 가끔 / 명 큰 눈, 대설 / 접 왜냐하면 / 동 스케이트 타다 /

동 스키 타다 / 부 점점 / 접 그러나 / 형 유창하다 /

부 분명 ~일 것이다 / 동 희망하다, 바라다 / 부 더, 더욱 / 동 향상시키다 /

명 수준, 실력 / 동 ~올림, 공경하여 올리다

중국어 문장

1 가을은 여행하기에 가장 좋은 계절입니다.

2 제가 중국어를 배운 지 벌써 1년이 되었어요.

3 저는 여행이 중국어를 배우는 좋은 방법이라고 생각합니다.

4 중국어 배우기가 점점 어렵지만 재미있어요.

5 내가 중국어를 유창하게 할 수 있다면 얼마나 좋을까!

6 내 중국어 실력이 더 빨리 늘었으면 좋겠어요.

간체자
쓰기

旅行
lǚxíng

명 여행
동 여행하다

丶 一 亍 方 扩 扩 扩 旅 旅 旅
丿 彡 彳 彳 行 行

游览
yóulǎn

동 유람하다,
관광하다

丶 丶 氵 氵 汸 汸 汸 游 游 游 游
丨 丨 业 业 胩 胩 胩 览

终于
zhōngyú

부 결국

乙 乡 乡 纟 纱 终 终 终
一 二 于

先
xiān

부 먼저, 우선

丿 一 牛 生 牛 先

然后
ránhòu

접 그 다음에

丿 夕 夕 夕 夕 列 狀 然 然 然 然 然
一 厂 厂 斤 后 后

参观				

参观
cānguān

동 참관하다, 구경하다

ㄥ ㄥ ㄥ ㄒ ㄒ 夅 参 参
丁 又 双 观 观 观

附近				

附近
fùjìn

명 근처, 부근

ㄱ �修 ㄖ 阝 阶 附 附
一 厂 斤 斤 斤 近 近

安排				

安排
ānpái

명 스케줄
동 계획하다

丶 丷 宀 宀 安 安
一 十 扌 扫 排 排 排 排 排 排 排

逛				

逛
guàng

동 구경하다, 돌아다니다

丶 丿 犭 犭 犴 狂 狂 逛 逛

热闹				

热闹
rènao

형 번화하다, 떠들썩하다

一 十 扌 扛 执 执 热 热 热
丨 冂 门 门 闩 闹 闹 闹

路
lù

양 번 [버스 노선을
나타내는 양사]

丨 冂 冂 平 严 严 足 足 跣 跣 跣 路 路

站
zhàn

명 역, 정류장

丶 亠 亠 立 立 剆 站 站 站 站

乘客
chéngkè

명 승객

一 二 千 千 千 乖 乖 乖 乘 乘
丶 宀 宀 安 安 客 客

告诉
gàosu

동 알리다,
알려주다

丿 亠 牛 生 告 告 告
丶 讠 讠 讠 讠 诉 诉

吧
ba

조 ~이죠?
[추측을 나타내는
의문조사]

丨 叮 吖 吖 吓 吓 吧

得 de 조 구조조사 [보어를 연결함]	丿 彳 彳 彳 彳 彳 彳 彳 彳 得 得
不错 búcuò 형 나쁘지 않다, 좋다	一 丆 不 不 丿 𠂉 𠂉 𠂉 钅 钅 钅 钅 钅 钅 错 错 错
差 chà 동 부족하다	丶 丷 䒑 羊 兰 差 差 差 差
司机 sījī 명 운전기사	𠃌 ㇆ 司 司 司 一 十 才 木 机 机
发票 fāpiào 명 영수증	乛 𠂇 方 发 发 一 𠃍 襾 襾 襾 襾 覀 覀 票 票 票

位
wèi

양 분 [사람을 높여 부르는 단위]

丿 亻 亻 亿 伫 位 位

只
zhǐ

부 다만, 단지, 오직

丨 冂 口 只 只

办法
bànfǎ

명 방법

フ 力 办 办
丶 冫 氵 汁 法 法 法

帮忙
bāngmáng

동 돕다

一 ニ 三 丰 邦 邦 邦 帮 帮
丶 亅 忄 忄 忙 忙

巧
qiǎo

형 공교롭다

一 丁 工 巧 巧

坏
huài

형 나쁘다,
망가지다

一 十 土 圹 圷 坏 坏

帮
bāng

동 돕다

一 二 三 丰 邽 邦 邦 帮 帮

修
xiū

동 수리하다,
고치다

丿 亻 亻 仈 伩 修 修 修 修

马上
mǎshàng

부 바로, 즉시,
곧

フ 马 马
丨 卜 上

条
tiáo

양 가늘고 긴 것을
세는 단위

丿 夂 冬 冬 条 条 条

点菜
diǎncài

동 요리를 주문하다

丨 卜 卜 占 占 占 占 点 点

一 十 艹 艹 艹 艹 苹 苹 菜 菜 菜

爱
ài

동 사랑하다, 좋아하다

一 一 一 一 一 一 一 一 严 爱 爱

酸
suān

형 시다, 새콤하다

一 厂 厅 西 酉 酉 酉 酢 酸 酸 酸 酸 酸 酸

甜
tián

형 달다

一 二 千 千 舌 舌 舌 甜 甜 甜 甜

别
bié

부 ~하지 마라

丨 冂 口 马 另 别 别

放
fàng
동 ~에 넣다,
~에 놓다

`丶 亠 宀 方 方 方 放 放`

拿
ná
동 가지다, 들다

`丿 人 人 人 合 合 合 合 盒 盒 拿`

稍
shāo
부 약간, 다소

`一 二 千 千 禾 利 利 秒 秒 稍 稍 稍`

等
děng
동 기다리다

`丿 人 人 入 笁 笁 笁 竺 竺 等 等`

扫
sǎo
동 스캔하다

`一 扌 扌 扫 扫 扫`

可以
kěyǐ

조 ~해도 된다,
~할 수 있다

一 丆 冂 叵 可

乚 刂 以 以

穿
chuān

동 입다

丶 宀 宀 宁 宁 空 空 空 穿 穿

中号
zhōnghào

명 중간 사이즈

丨 冂 口 中

丨 冂 口 므 号

不过
búguò

접 그러나

一 丆 才 不

一 寸 寸 寸 讨 过

肥
féi

형 헐렁하다, 크다

丿 几 月 月 月 月 即 肥 肥

38

换
huàn

동 바꾸다,
갈아입다

一 扌 扌 扩 扩 护 护 护 换 换

合适
héshì

형 알맞다,
적당하다

丿 人 人 今 合 合
一 二 千 千 舌 舌 舌 活 适

极了
jíle

부 매우, 굉장히

一 十 才 木 朾 极 极
一 了

最少
zuìshǎo

부 적어도, 최소한

丨 冂 冂 冃 号 早 昻 昻 昻 最 最
丨 小 小 少

再
zài

부 다시, 또

一 厂 冂 币 再 再

就
jiù
부 바로

丶 一 广 亩 亩 亨 享 京 京 就 就 就

一直
yìzhí
부 줄곧

一

一 十 广 古 肯 肯 直 直

前
qián
명 앞

丶 丷 ゛ 广 广 䒑 前 前 前 前

第
dì
접두 제~, ~번 째

丿 ⺮ ⺮ ⺮ 竺 筲 笃 笃 笃 第 第

拐
guǎi
동 돌다

一 十 扌 扌 护 护 拐 拐

着					
zhe
조 상태의 지속을 나타내는 조사

丶 丷 芢 苎 芢 差 羊 着 着 着 着

劳驾					
láojià
동 실례합니다

一 亠 艹 芦 芦 劳 劳
フ カ カ 加 加 架 驾 驾

对面					
duìmiàn
명 맞은편

フ 又 对 对 对
一 厂 厂 历 面 面 面 面 面

家					
jiā
양 집 [가게 · 기업 등을 세는 단위]

丶 宀 宀 宁 宇 宇 家 家 家 家

马路					
mǎlù
명 길, 대로

フ 马 马
丨 口 口 甲 甲 甲 趴 趴 趵 路 路 路 路

喂
wéi
감 여보세요

丨 丨丨 丨口 口冂 口冂 口門 口門 口畏 口畏 口喂 喂

错
cuò
형 틀리다, 나쁘다

丿 丿 丿 丿丨 钅 钅 钌 钍 错 错 错 错 错

机票
jīpiào
명 비행기표

一 十 才 朩 朹 机
一 厂 厂 亜 亜 西 西 覀 覀 票 票

需要
xūyào
동 필요하다

一 厂 厂 乑 雨 雨 雨 雬 雪 雪 雪 需 需 需
一 厂 厂 亜 亜 西 要 要 要

左右
zuǒyòu
명 쯤, 정도

一 ナ 广 左 左
一 ナ 才 右 右

往返
wǎngfǎn
명 왕복

′ ′ ′ ′ ′ ′ ′ 往 往
一 厂 厃 反 返 返 返

刚才
gāngcái
명 방금

丨 冂 刀 冈 刚 刚
一 十 才

通
tōng
동 통하다

′ ′ ′ ′ ′ ′ 甬 甬 诵 通 通

出差
chūchāi
동 출장 가다

乚 屮 出 出 出
′ ′′ 美 兰 兰 关 差 差 差

已经
yǐjīng
부 이미, 벌써

𠃌 𠃌 已
ㄥ ㄠ ㄠ 纟 纽 经 经 经 经

自己
zìjǐ

명 자기, 스스로

´ ´ ´ 自 自 自
フ コ 己

用
yòng

동 사용하다
전 ~으로

丿 刀 月 月 用

送
sòng

동 선물하다,
배웅하다

丶 丷 屮 屮 羊 关 关 送 送

种
zhǒng

양 종류

一 二 千 禾 禾 和 和 种

受
shòu

동 받다

一 ´ ´ ´ ´ ´ 严 受 受

护照
hùzhào
명 여권

一 亅 扌 扩 护 护 护
丨 冂 日 日 旷 旷 旷 昭 昭 昭 照 照 照

现金
xiànjīn
명 현금

一 二 于 王 王 珇 珋 现
丿 八 人 今 全 全 金 金

或者
huòzhě
접 혹은

一 厂 口 口 或 或 或
一 十 土 耂 者 者 者 者

让
ràng
동 ~로 하여금
~하게 하다 [사역]

丶 讠 让 让 让

分开
fēnkāi
부 각각, 따로
동 헤어지다

丿 八 分 分
一 二 于 开

突然
tūrán

부 갑자기

丶 丶 宀 宀 突 空 穷 突 突

丿 勹 夕 夕 夕 外 狄 狄 狄 然 然 然

疼
téng

동 아프다

丶 宀 广 广 疒 疒 疗 疼 疼 疼

厉害
lìhai

형 심하다, 대단하다

一 厂 厂 厉 厉

丶 宀 宀 宀 宫 宝 宝 害 害 害

次
cì

양 번 [횟수를 나타내는 단위]

丶 冫 冫 汸 汸 次

片
piàn

양 알 [얇고 납작한 것을 세는 단위]

丿 丿 广 片

46

明白
mÍngbai

동 알다, 이해하다

丨 冂 日 日 明 明 明 明

丿 亻 白 白 白

头疼
tóuténg

동 두통이 있다

丶 丷 二 头 头

丶 亠 广 广 疒 疒 疒 疼 疼 疼

感冒
gǎnmào

명 감기
동 감기에 걸리다

一 厂 厂 厂 厅 反 咸 咸 咸 咸 感 感 感

丨 冂 冃 冃 冐 冒 冒 冒 冒

量
liáng

동 재다

丨 冂 冂 昌 昌 昌 昌 昌 昌 量 量 量

度
dù

양 도 [온도를
나타내는 단위]

丶 亠 广 广 户 产 庐 度 度

办
bàn

동 처리하다,
(수속을) 밟다

フ 力 办 办

出示
chūshì

동 제시하다

乚 凵 屮 出 出
一 二 于 示 示

靠
kào

동 기대다,
의지하다

′ 一 生 生 告 告 告 靠 靠 靠 靠 靠 靠 靠

窗
chuāng

명 창문

丶 宀 宀 宀 空 空 空 空 窗 窗 窗 窗

座位
zuòwèi

명 자리, 좌석

丶 亠 广 广 广 广 庐 座 座 座
丿 亻 亻 亻 位 位 位

行李
xíngli
명 짐, 트렁크

ㄟ ㄟ 彳 彳 行 行
一 十 才 木 本 本 李 李

重
zhòng
형 무겁다

一 二 一 一 一 一 一 重 重

丢
diū
동 잃어버리다

一 二 千 壬 丢 丢

可能
kěnéng
부 아마도, 어쩌면

一 丁 丁 丁 可
ㄥ ㄥ ㄐ 育 育 育 能 能 能

牌子
páizi
명 브랜드, 상표

ノ ノ 扩 片 片 牌 牌 牌 牌 牌 牌
ㄱ 了 子

对
duì
전 ~에게

ㄱ ㄡ ㄡ 对 对

空姐
kōngjiě
명 스튜어디스

ㆍ ㆍ ㉝ 宀 宀 宊 空 空
ㄑ ㄑ ㄑ 如 如 姐 姐 姐

把
bǎ
전 ~을(를)

一 ㆜ ㆜ ㆜ㄱ ㆜ㆍ ㆜ㆍ 把

鸡肉
jīròu
명 닭고기

ㄱ ㄡ ㄡ ㄡ ㄡ 鸡 鸡
丨 冂 内 内 肉 肉

牛排
niúpái
명 비프 스테이크

ノ ㇏ ㇐ 牛
一 ㆜ ㆜ 扌 扌 扌 扌 排 排 排

抱歉
bàoqiàn

동 죄송하다

一 十 扌 扩 扚 抃 抝 抱

丶 ㇐ 丷 ㄓ 丷 ㄓ 苹 苹 莱 莱 歉 歉 歉

麻烦
máfan

동 폐를 끼치다,
귀찮게 하다

丶 亠 广 广 疒 庁 庁 床 庇 麻 麻

丶 ㇏ ㇁ 火 灯 灯 灯 炘 烦 烦

还有
háiyǒu

접 그리고

一 ㇇ 不 不 不 还 还

一 ナ 冇 冇 有 有

耳机
ěrjī

명 이어폰

一 丆 丌 丌 耳 耳

一 十 才 木 机 机

毛毯
máotǎn

명 담요

一 二 三 毛

一 二 三 毛 毛 毛 毡 毯 毯 毯 毯 毯

心情				
xīnqíng				
명 기분	丶 心 心 心 丶 丶 忄 忄 忙 忙 情 情 情 情			

季节				
jìjié				
명 계절	一 二 千 千 禾 禾 季 季 一 艹 艹 节 节			

方法				
fāngfǎ				
명 방법	丶 一 方 方 丶 丶 氵 汀 汁 法 法 法			

过					
guò					
동 지내다, 보내다	一 寸 寸 寸 过 过				

比					
bǐ					
전 ~보다	一 匕 匕 比				

大雪
dàxuě
명 큰 눈, 대설

一 ナ 大
一 厂 戶 戶 雨 雨 雪 雪 雪 雪 雪

因为
yīnwèi
접 왜냐하면

丨 冂 冃 呉 因 因
丶 ﾉ 为 为

希望
xīwàng
동 희망하다,
바라다

ﾉ ㄨ ㄨ 产 产 希 希
丶 丶 亡 切 切 切 望 望 望 望 望

更
gèng
부 더, 더욱

一 厂 厅 曰 百 更 更

水平
shuǐpíng
명 수준

丨 刀 水 水
一 厂 厅 立 平

memo

memo

memo

학습 포인트

1 정도보어

정도보어는 동작이나 상태가 어느 정도 이르렀는지를 나타내는 보어이다. 일반적으로 동사와 형용사(정도보어) 사이에 구조조사 '得'를 넣어 표현하며, '很', '非常', '太' 등 정도부사의 수식을 받을 수 있다.

주어 + 동사 + 得 + 부사 + 정도보어(형용사)

- A: 你休息得怎么样? Nǐ xiūxi de zěnmeyàng? 잘 쉬었어요?
  B: 我休息得很好。 Wǒ xiūxi de hěn hǎo. 잘 쉬었어요. /
    我休息得不太好。 Wǒ xiūxi de bú tài hǎo. 잘 쉬지 못했어요.

목적어를 지닌 동사 뒤에 정도보어가 올 경우에는 동사를 한 번 더 써서 표현하며, 이때 첫 번째 동사는 생략할 수 있다.

주어 + (동사) + 목적어 + 동사 + 得 + 부사 + 정도보어(형용사)

- 她(说)汉语说得很流利。 그녀는 중국어를 유창하게 말해요.
  Tā (shuō) Hànyǔ shuō de hěn liúlì.

2 임박태 '要…了'

'要…了'는 '곧 ~할 것이다'란 뜻으로 어떤 동작이나 상황이 곧 발생할 것임을 나타낸다. '要' 앞에 '快'나 '就'를 넣어 시간의 긴박함을 표현한다. 단, '就要…了' 앞에는 시간명사를 넣을 수 있으나 '快要…了' 앞에는 넣을 수 없다.

- 菜要凉了，快吃吧。 음식이 식겠어요. 어서 드세요.
  Cài yào liáng le, kuài chī ba.

- 他就要来了。 그는 곧 올 거예요.
  Tā jiùyào lái le.

- 咖啡快要没有了。 커피가 거의 다 떨어졌어요.
  Kāfēi kuàiyào méiyǒu le.

- 我明年就要去中国了。 나는 내년에 중국에 가요.
  Wǒ míngnián jiùyào qù Zhōngguó le.

  *我明年快要去中国了。(✕)
    Wǒ míngnián kuàiyào qù Zhōngguó le.

· 참고 단어

流利 liúlì 형 유창하다 | 凉 liáng 동 식다

02-04

司机	你们去哪儿?
	Nǐmen qù nǎr?

朴大韩	我们去秦始皇兵马俑博物馆。
	Wǒmen qù Qínshǐhuáng bīngmǎyǒng bówùguǎn.

司机	好的。
	Hǎo de.

朴大韩	师傅，从这儿到那儿要多长时间?
	Shīfu, cóng zhèr dào nàr yào duō cháng shíjiān?

司机	不堵车的话，大概要一个小时。
	Bù dǔchē dehuà, dàgài yào yí ge xiǎoshí.

(一个小时后)
(yí ge xiǎoshí hòu)

马克	靠边儿停车吧。我有一卡通。
	Kàobiānr tíngchē ba. Wǒ yǒu yìkǎtōng.

司机	好，你要发票吗?
	Hǎo, nǐ yào fāpiào ma?

马克	我要发票。
	Wǒ yào fāpiào.

> **TIP** '师傅 shīfu'와 '先生 xiānsheng'
> 두 호칭 모두 '선생님'이란 뜻이지만 그 쓰임이 다르다. '师傅 shīfu'는 '운전기사',
> '엔지니어', '요리사' 등 어떤 분야의 전문가를 부르는 호칭이고, '先生 xiānsheng'
> 은 '일반 성인 남성' 혹은 '사무직원', '작가', '화가' 등을 부르는 호칭으로 쓰인다.

PLUS 회화 표현

● **扫微信。** 위챗으로 찍을게요(결제할게요).
　Sǎo Wēixìn.

1 전치사 '从…到…'

'从…到…'는 '~에서 ~까지'라는 뜻으로 장소를 가리키는 단어와 결합하여 장소를 나타내며, 시간을 가리키는 단어와도 결합하여 시간을 표현한다.

> 从 + A(장소/시간) + 到 + B(장소/시간)

- 从首尔到北京很近。 서울에서 베이징까지 가깝다.
  Cóng Shǒu'ěr dào Běijīng hěn jìn.

- 我从早上八点到下午四点上课。 아침 8시에서 오후 4시까지 수업한다.
  Wǒ cóng zǎoshang bā diǎn dào xiàwǔ sì diǎn shàngkè.

2 가정문 '…的话'

'…的话'는 '(만약) ~라면'이란 뜻으로 가정을 나타낸다. 접속사 '要是 yàoshi', '如果 rúguǒ'와 함께 쓰이기도 하며, 뒷 절에는 부사 '就 jiù'를 써서 앞 절의 가정에 대한 결론을 나타낸다. 때때로 '就 jiù'는 생략할 수 있다.

- (要是)你喜欢的话，就买吧。 (만약) 당신이 마음에 든다면 구입하세요.
  (Yàoshi) nǐ xǐhuan dehuà, jiù mǎi ba.

- (如果)有很多时间的话，我想走遍世界。
  (Rúguǒ) yǒu hěn duō shíjiān dehuà, wǒ xiǎng zǒubiàn shìjiè.
  (만약) 내가 시간이 많다면, 세계일주를 하고 싶어요.

참고 단어

走遍 zǒubiàn 동 두루 돌아다니다 | **世界** shìjiè 명 세계

듣기 🎧
听一听

1 녹음 내용을 듣고 질문에 적합한 것에 V를 표시하세요.

1) 去外滩坐912路车。 ⬜

2) 去外滩坐621路车。 ⬜

3) 去外滩坐921路车。 ⬜

2 녹음을 듣고, 그림과 일치하면 O표, 틀리면 X표를 하세요. 02-06

1)

2)

3)

3 녹음을 듣고, 내용과 일치하는 그림을 골라 번호를 쓰세요. 02-07

1)

2)

3)

❶

❷

❸

말하기 🎤

1 밑줄 친 부분을 바꾸어 대화해 보세요. 🔊 02-08

A: 师傅，<u>从这儿到那儿</u>要多长时间?
   Shīfu, cóng zhèr dào nàr yào duō cháng shíjiān?

B: 不堵车的话，大概要<u>一个小时</u>。
   Bù dǔchē dehuà, dàgài yào yí ge xiǎoshí.

1) 40분

南京路 난징루
Nánjīnglù

2) 30분

豫园 위위엔
Yùyuán

3) 1시간 반

唐人街 탕런지에
Tángrénjiē

2 밑줄 친 부분을 바꾸어 대화를 완성해 보세요. 🔊 02-09

A: 你<u>说汉语</u>说得很不错。 Nǐ shuō Hànyǔ shuō de hěn búcuò.
B: 哪里哪里，还差得远呢。 Nǎli nǎli, hái chà de yuǎn ne.

1)

做菜 요리하다
zuòcài

2)

游泳 수영하다
yóuyǒng

3)

跳舞 춤을 추다
tiàowǔ

3 빈칸에 자유롭게 목적지와 교통수단을 넣어 대화를 완성해 보세요.

A: 你去哪儿?
B: 我去 _____。
A: 从这儿到那儿要多长时间?
B: _____。

쓰기 ✏️
写一写

1 보기에서 알맞은 단어를 골라 문장을 완성하세요.

보기

堵车	路	快	停车	差
dǔchē	lù	kuài	tíngchē	chà

1) 哪里哪里，还 _____ 得远呢。 아닙니다. 아직 부족한 걸요.

2) 外滩 _____ 要到了。下一站下车吧。 와이탄에 곧 도착합니다. 다음 역에서 내리세요.

3) 不 _____ 的话，大概要一个小时。 차가 막히지 않으면 대략 한 시간 정도 걸려요.

4) 靠边 _____ 吧。 길가에 세워 주세요.

2 다음 단어를 알맞은 순서로 배열하세요.

1) 역에 도착하면 제게 알려 주시겠어요?

我	/	的时候	/	好吗	/	到站	/	告诉
wǒ		de shíhou		hǎo ma		dào zhàn		gàosu

➡ _____

2) 당신은 중국어를 잘하시네요.

得	/	很	/	说	/	汉语	/	你	/	不错
de		hěn		shuō		Hànyǔ		nǐ		búcuò

➡ _____

3) 여기서 공항까지 얼마나 걸립니까?

多长时间	/	机场	/	这儿	/	到	/	要	/	从
duō cháng shíjiān		jīchǎng		zhèr		dào		yào		cóng

➡ _____

🌸 알맞은 말이 되도록 문장을 연결한 후 대화해 보세요.

02-10

1) 请问，去外滩坐几路车？

A 好，没问题。

2) 到外滩还有几站？

B 哪里哪里，还差得远呢。

3) 到站的时候告诉我，好吗？

C 坐910路。

4) 你汉语说得很不错。

D 三站。

02-11

1) 外滩快要到了。
下一站下车吧。

A 我要。

2) 师傅，
从这儿到那儿要多长时间？

B 靠边儿停车吧。

3) 你在哪儿下车？

C 多谢你啊！

4) 你要发票吗？

D 不堵车的话，
用不了半个小时。

自行车
zìxíngchē
자전거

摩托车
mótuōchē
오토바이

三轮车
sānlúnchē
삼륜차

长途汽车
chángtú qìchē
장거리 버스

火车
huǒchē
기차

高铁
gāotiě
고속철

地铁
dìtiě
지하철

磁浮列车
cífú lièchē
자기부상열차

飞机
fēijī
비행기

游船
yóuchuán
유람선

중국 문화 산책

실크로드의 보석, 둔황(敦煌)

비단길이 처음 열린 것은 전한(前汉: B.C.206~A.D.25) 때이다. 한 무제(武帝)는 대월지(大月支)국과 동맹하여 북방 변경을 위협하는 흉노를 제압하고 서아시아로 통하는 교통로를 확보하고자 했다. 하지만 이를 위해 길을 떠난 장건(张骞)은 대월지국과 동맹을 맺는 데는 실패했지만, 장건의 경험과 그가 기록해온 자료가 워낙 중요한 가치가 있었기 때문에 한 무제는 그를 높이 치하했다. 이후 무제는 둔황을 서역 진출과 경영의 전진기지로 삼아 무역도시로 가기 위한 발판을 마련했다. 2013년 시진핑 주석의 제안으로 시작된 '일대일로(一带一路, One Belt One Road)' 역시 고대 동서양의 교통로인 현대판 실크로드를 다시 구축하여 중국과 100여 개 주변 국가의 경제 무역 합작의 길을 연다는 구상에서 비롯된 대규모 프로젝트이다.

✤ 명사산(鸣沙山)

✤ 월아천(月牙泉)
수천 년 동안 마르지 않은 오아시스

✤ 실크로드 상인들

UNIT 03

酒店入住
jiǔdiàn rùzhù

호텔 체크인하기

학습 내용
1. 호텔 체크인하기 有空房间吗?
2. 호텔 서비스 요구하기 我的淋浴坏了，请帮我修一下儿。
3. 와이파이 비밀번호 묻기 这里无线网密码是多少?

핵심 문법
1. 이합(离合)동사
2. 무주어문
3. 이중목적어 동사 '给'

둔황석굴(敦煌石窟): 실크로드 위의 불교 예술

사진으로
배우는
중국어

豪华套房
háohuá tàofáng
스위트룸

标准间
biāozhǔnjiān
스탠다드룸(2인실)

单人间
dānrénjiān
싱글룸(1인실)

加床
jiāchuáng
엑스트라 베드

房卡
fángkǎ
객실 방 카드

회화 1

- 接待员 jiēdàiyuán 명 접대원
- 预订 yùdìng 동 예약하다
- 位 wèi 양 분 [사람을 높여 부르는 단위]
- 只 zhǐ 부 다만, 단지, 오직
- 单人间 dānrénjiān 명 싱글룸(1인실)
- 标准间 biāozhǔnjiān 명 스탠다드룸(2인실)
- 办法 bànfǎ 명 방법
- 帮忙 bāngmáng 동 돕다
- 巧 qiǎo 형 공교롭다
- 客人 kèrén 명 손님
- 退房 tuìfáng 동 체크아웃하다
- 押金 yājīn 명 보증금
- 刷微信 shuā wēixìn 위챗으로 결제하다

회화 2

- 淋浴 línyù 명 샤워기
- 坏 huài 형 나쁘다, 망가지다
- 帮 bāng 동 돕다
- 修 xiū 동 수리하다, 고치다
- 马上 mǎshàng 부 바로, 즉시, 곧
- 条 tiáo 양 가늘고 긴 것을 세는 단위
- 毛巾 máojīn 명 수건
- 无线网 wúxiànwǎng 명 와이파이
- 密码 mìmǎ 명 비밀번호
- 免费 miǎnfèi 명 무료
- 使用 shǐyòng 명 사용 동 사용하다

1

你预订房间了吗?

Nǐ yùdìng fángjiān le ma?

방을 예약하셨나요?

2

只有单人间，没有标准间。

Zhǐ yǒu dānrénjiān, méiyǒu biāozhǔnjiān.

1인실만 있고, 2인실은 없어요.

3

太巧了。有一个客人要退房。

Tài qiǎo le. Yǒu yí ge kèrén yào tuìfáng.

다행히 체크아웃하려는 손님이 있어요.

4

我马上来。

Wǒ mǎshàng lái.

제가 바로 가겠습니다.

5

请给我几条毛巾。

Qǐng gěi wǒ jǐ tiáo máojīn.

수건 몇 장만 주세요.

6

这里WIFI(无线网)密码是多少?

Zhè li WIFI(wúxiànwǎng) mìmǎ shì duōshao?

여기 와이파이 비밀번호가 어떻게 되죠?

회화 1 💬

호텔에서 숙박하기

李秀英　有空房间吗？我没有预订。
Yǒu kōng fángjiān ma? Wǒ méiyǒu yùdìng.

接待员　你们几位？
Nǐmen jǐ wèi?

李秀英　两个女的。
Liǎng ge nǚ de.

接待员　只有单人间，没有标准间。
Zhǐ yǒu dānrénjiān, méiyǒu biāozhǔnjiān.

宋丽丽　请你想想办法。帮帮忙吧。
Qǐng nǐ xiǎngxiang bànfǎ. Bāngbāng máng ba.

接待员　太巧了。有一个客人要退房。
Tài qiǎo le. Yǒu yí ge kèrén yào tuìfáng.

宋丽丽　押金可以刷微信吧？
Yājīn kěyǐ shuā wēixìn ba?

接待员　可以。
Kěyǐ.

PLUS 회화 표현

● **房费里包括早餐吗？** 숙박비에 아침 식사가 포함됩니까?
Fángfèi li bāokuò zǎocān ma?

1 이합(离合)동사

이합동사란 '동사+목적어'의 구조로 이루어진 동사로, 동사와 목적어 사이에는 '个', '了' 등 다른 성분이 들어갈 수 있다. 이합동사의 중첩 형식은 AAB이며, 동작이 걸리는 시간이 짧고 부드러운 어감을 나타낸다.

이합(离合)동사	다른 문장 성분이 올 경우	이합동사의 중첩 형식
帮忙 돕다 bāngmáng	帮个忙 돕다 bāng ge máng	帮帮忙 좀 돕다 bāngbāng máng
散步 산책하다 sànbù	散个步 산책하다 sàn ge bù	散散步 산책 좀 하다 sànsàn bù
聊天儿 이야기하다 liáotiānr	聊个天儿 이야기하다 liáo ge tiānr	聊聊天儿 얘기 좀 하다 liáoliáo tiānr

○ 我来帮你的忙。 내가 당신을 도와주겠습니다.
　Wǒ lái bāng nǐ de máng.

　＊我来帮忙你。（✗）
　　Wǒ lái bāngmáng nǐ.

TIP 이 밖에 자주 사용하는 이합동사
'睡觉 shuìjiào 잠을 자다', '游泳 yóuyǒng 수영하다',
'结婚 jiéhūn 결혼하다', '请假 qǐngjià 휴가 내다',
'见面 jiànmiàn 만나다', '毕业 bìyè 졸업하다'

2 무주어문

무주어문이란 주어가 없이 술어로만 이루어진 문장을 가리킨다. 문장 해석을 뒤에서부터 해도 무방하다.

○ 有人帮助我。 나를 도와주는 사람이 있다.
　Yǒu rén bāngzhù wǒ.

○ 没有时间去看电影。 영화를 보러 갈 시간이 없다.
　Méiyǒu shíjiān qù kàn diànyǐng.

⌐ 참고 단어

帮助 bāngzhù 통 돕다

회화 2

호텔 서비스 요구하기

朴大韩 我的淋浴坏了。请你帮我修一下儿。
Wǒ de línyù huài le. Qǐng nǐ bāng wǒ xiū yíxiàr.

服务员 你在哪个房间？
Nǐ zài nǎ ge fángjiān?

朴大韩 508号房间。
Wǔ líng bā hào fángjiān.

服务员 好的。我马上来。
Hǎo de. Wǒ mǎshàng lái.

（十分钟后，服务员来了。）
(Shí fēnzhōng hòu, fúwùyuán lái le.)

马克 请给我几条毛巾。
Qǐng gěi wǒ jǐ tiáo máojīn.

服务员 可以。
Kěyǐ.

马克 这里WIFI密码是多少？
Zhè li WIFI mìmǎ shì duōshao?

服务员 八个八。可以免费使用。
Bā ge bā. Kěyǐ miǎnfèi shǐyòng.

PLUS 회화 표현

● **盥洗台排水口堵了。** 세면대 배수구가 막혔어요.
Guànxǐtái páishuǐkǒu dǔ le.

학습 포인트

① 帮 + 대상 + 동사

'帮'은 '~을 도와', 혹은 '~을 대신해서'라는 뜻으로 쓰인다.

- 请你帮我照相。 사진 찍는 것 좀 도와주세요.
  Qǐng nǐ bāng wǒ zhàoxiàng.

- 我帮你拿东西。 제가 물건을 들어 드릴게요.
  Wǒ bāng nǐ ná dōngxi.

② 동사 + 一下儿

'一下儿'은 동사 뒤에 놓여 '한번 ~해보다', '좀 ~해보다'란 의미로, 동작이 걸리는 시간이 짧고 부드러운 어감을 나타낸다.

- 请问一下儿。 말씀 좀 여쭙겠습니다.
  Qǐngwèn yíxiàr.

- 请按一下儿密码。 비밀번호를 누르세요.
  Qǐng àn yíxiàr mìmǎ.

③ 이중목적어 동사 '给'

동사 중에는 두 개의 목적어를 가지는 동사가 있는데, 앞에 오는 목적어(간접목적어)는 주로 사람이 오며, 뒤에 오는 목적어(직접목적어)는 사물 등 대상이 온다. 이중목적어를 가지는 대표적인 동사에는 '给 gěi', '找 zhǎo', '教 jiāo' 등이 있다.

给/找/教… + 人(목적어1) + 物(목적어2)

- 我给你 一杯茶。 당신에게 차 한 잔 드릴게요.
  Wǒ gěi nǐ yì bēi chá.

- 他找我 五十块钱。 그는 나에게 50위안을 거슬러 주었다.
  Tā zhǎo wǒ wǔshí kuài qián.

- 我教你 汉语吧。 내가 당신에게 중국어를 가르쳐 줄게요.
  Wǒ jiāo nǐ Hànyǔ ba.

참고 단어

照相 zhàoxiàng 명 사진 동 사진을 찍다 | 按 àn 동 누르다 | 找 zhǎo 동 찾다, 거슬러주다 | 教 jiāo 동 가르치다

듣기 🎧
听一听

1 녹음 내용을 듣고 질문에 적합한 것에 V를 표시하세요.

1) 酒店里有标准间。 ☐

2) 酒店里只有单人间。 ☐

3) 酒店里没有标准间。 ☐

2 녹음을 듣고, 그림과 일치하면 O표, 틀리면 X표를 하세요.

1)

2)

3)

3 녹음을 듣고, 내용과 일치하는 그림을 골라 번호를 쓰세요.

1)   2)   3)

말하기 🎤
说一说

1 밑줄 친 부분을 바꾸어 대화해 보세요. 🎧 03-08

A: 我的<u>淋浴</u>坏了，请帮我修一下儿。
Wǒ de línyù huài le, qǐng bāng wǒ xiū yíxiàr.

B: 好的。我马上来。 Hǎo de. Wǒ mǎshàng lái.

1)
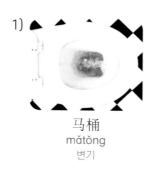
马桶
mǎtǒng
변기

2)

空调
kōngtiáo
에어컨

3)

暖气
nuǎnqì
히터

2 밑줄 친 부분을 바꾸어 대화를 완성해 보세요. 🎧 03-09

A: 请给我<u>几条毛巾</u>。 Qǐng gěi wǒ jǐ tiáo máojīn.

B: 可以。给您。 Kěyǐ. Gěi nín.

1)
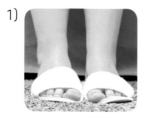
一双拖鞋
yì shuāng tuōxié
슬리퍼 한 켤레

2)

几个衣架
jǐ ge yījià
옷걸이 몇 개

3)

一卷卫生纸
yì juǎn wèishēngzhǐ
휴지 한 개

3 호텔 체크인과 서비스 요구에 대한 대화를 완성하세요.

A: 请问，有空房间吗？
B: 请稍等，我看一下。
⋮

A: 我的淋浴坏了，请帮我修一下儿。
B: 好的，我马上来检查。
⋮

쓰기 ✏️
写一写

1 보기에서 알맞은 단어를 골라 문장을 완성하세요.

> **보기**
>
> | 免费 | 巧 | 预订 | 密码 | 退房 |
> |------|-----|--------|------|--------|
> | miǎnfèi | qiǎo | yùdìng | mìmǎ | tuìfáng |

1) 你 _____ 房间了吗？ 방을 예약하셨습니까?

2) 太 _____ 了。有一个客人要 _____ 。
다행히 체크아웃하려는 손님 한 분이 계시네요.

3) 无线网 _____ 是多少？ 와이파이 비밀번호가 어떻게 되나요?

4) 可以 _____ 使用。 무료로 사용 가능합니다.

2 다음 단어를 알맞은 순서로 배열하세요.

1) 방법을 생각해 주세요. 좀 도와주세요.

忙	/	帮	/	吧	/	想想	/	请你	/	办法	/	帮
máng		bāng		ba		xiǎngxiang		qǐng nǐ		bànfǎ		bāng

➡ _____

2) 수리하는 것 좀 도와주세요.

一下儿	/	我	/	修	/	帮	/	请
yíxiàr		wǒ		xiū		bāng		qǐng

➡ _____

3) 수건 몇 장 좀 가져다 주세요.

毛巾	/	条	/	请	/	我	/	几	/	给
máojīn		tiáo		qǐng		wǒ		jǐ		gěi

➡ _____

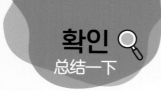

확인

总结一下

🌸 알맞은 말이 되도록 문장을 연결한 후 대화해 보세요.

03-10

1) 有空房间吗？

A 预订了。我叫朴大韩。

2) 你预订房间了吗？

B 只有单人间，没有标准间。

3) 我要一个标准间。

C 太巧了。有一个客人要退房。

4) 请你想想办法。帮帮忙吧。

D 你们几位？

03-11

1) 我的淋浴坏了。
请你帮我修一下儿。

A 318号房间。

2) 你在哪个房间？

B 好的。我马上来。

3) 请给我几条毛巾。

C 没有密码。可以免费使用。

4) 这里无线网密码是多少？

D 可以，给您。

插座
chāzuò
콘센트

开关
kāiguān
전원 스위치

遥控器
yáokòngqì
리모콘

电热壶
diànrèhú
전기포트

窗户
chuānghu
창문

浴缸
yùgāng
욕조

剃须刀
tìxūdāo
면도기

电熨斗
diànyùndǒu
다리미

吹风机
chuīfēngjī
드라이기

迷你吧
mínǐbā
미니바

중국 문화 산책

실크로드에 피어난 불교 예술, 둔황석굴(敦煌石窟)

둔황석굴은 막고굴(莫高窟)이라고도 불린다. 둔황 막고굴은 전진(前秦) 시대였던 4세기 중엽에 처음 만들어지기 시작하여 북조, 수, 당, 오, 송나라를 거쳐 원나라 때인 14세기 중반까지 약 1,000년에 거쳐 만들어졌다. 이곳은 실크로드를 오가며 활발하게 활동했던 상인들 덕분에 만들어졌는데, 시안에서 중앙아시아, 유럽을 오가며 무역을 했던 상인들이 중국의 마지막 주요 관문인 둔황을 떠나기에 앞서 무사히 거래를 마치고 돌아올 수 있도록 승려들에게 기도해 줄 것을 부탁하면서 만들어진 것이다.

✤ 둔황 막고굴 외부

✤ 둔황 막고굴 내부

UNIT 04

在餐厅

zài cāntīng

음식점에서

학습 내용
1. 음식 주문하기　来一个松鼠鳜鱼。
2. 서비스 요청하기　别放香菜。请给我拿几张餐巾纸。
3. 위챗으로 계산하기　扫这边就可以。

핵심 문법
1. 又…又…
2. 선택의문문
3. 금지문

딤섬(点心)

사진으로
배우는
중국어

大闸蟹
dàzháxiè
따쟈씨에
[몸에 털이 많아
'털게'라고도
불리는 민물 게]

松鼠鳜鱼
sōngshǔ guìyú
송슈꿰위
[청나라 건륭황제가
즐겨 먹었던 강남
일대 쑤저우의
명품 요리]

东坡肉
dōngpōròu
뚱포러우
[항저우의 대표 요리.
돼지고기 요리로 시인
소동파(苏东坡)가
만든 것에서 이름을
따옴]

회화 1

- 菜单 càidān 명 메뉴
- 点菜 diǎncài 동 요리를 주문하다
- 爱 ài 동 사랑하다, 좋아하다
- 又…又… yòu … yòu … ~하기도 하고 ~하기도 하다
- 酸 suān 형 시다, 새콤하다
- 甜 tián 형 달다
- 松鼠鳜鱼 sōngshǔ guìyú 송슈꿰위 [쏘가리 요리]
- 大闸蟹 dàzháxiè 따쟈씨에 [털게찜 요리]
- 酸辣汤 suānlàtāng 쏸라탕
- 小笼包 xiǎolóngbāo 샤오룽빠오
- 主食 zhǔshí 명 주식
- 还是 háishi 접 아니면 [의문문에 쓰여 선택을 나타냄]
- 碗 wǎn 양 그릇·공기를 세는 단위
- 饮料 yǐnliào 명 음료
- 壶 hú 양 주전자를 세는 단위
- 花茶 huāchá 명 화차, 꽃차 [주로 자스민차를 가리킴]

회화 2

- 别 bié 부 ~하지 마라
- 放 fàng 동 ~에 넣다, ~에 놓다
- 香菜 xiāngcài 명 고수 [식물의 한 종류]
- 拿 ná 동 가지다, 들다
- 餐巾纸 cānjīnzhǐ 명 냅킨
- 稍 shāo 부 약간, 다소
- 等 děng 동 기다리다
- 买单 mǎidān 동 계산하다
- 扫 sǎo 동 스캔하다
- 打包 dǎbāo 동 포장하다

04-02

1 这是菜单。请点菜。
Zhè shì càidān. Qǐng diǎncài.

여기 메뉴입니다. 주문하시겠어요?

2 我爱吃又酸又甜的。
Wǒ ài chī yòu suān yòu tián de.

나는 새콤달콤한 것을 좋아해요.

3 你们吃米饭还是面条?
Nǐmen chī mǐfàn háishi miàntiáo?

여러분은 밥으로 하시겠어요, 면으로 하시겠어요?

4 别放香菜。
Bié fàng xiāngcài.

고수는 빼 주세요.

5 请给我拿几张餐巾纸。
Qǐng gěi wǒ ná jǐ zhāng cānjīnzhǐ.

냅킨 몇 장만 가져다 주세요.

6 我们的菜还没上来，能快点儿吗?
Wǒmen de cài hái méi shànglái, néng kuài diǎnr ma?

요리가 아직 안 나왔는데, 좀 서둘러 주실 수 있나요?

회화 1 💬 음식 주문하기

04-03

服务员　这是菜单。请点菜。
　　　　Zhè shì càidān. Qǐng diǎncài.

李秀英　我爱吃又酸又甜的。来一个松鼠鳜鱼。
　　　　Wǒ ài chī yòu suān yòu tián de. Lái yí ge sōngshǔ guìyú.

宋丽丽　要一个大闸蟹。
　　　　Yào yí ge dàzháxiè.

服务员　还要别的吗？
　　　　Hái yào biéde ma?

李秀英　再来一个酸辣汤和小笼包。
　　　　Zài lái yí ge suānlàtāng hé xiǎolóngbāo.

服务员　要什么主食？你们吃米饭还是面条？
　　　　Yào shénme zhǔshí? Nǐmen chī mǐfàn háishi miàntiáo?

宋丽丽　来两碗米饭。
　　　　Lái liǎng wǎn mǐfàn.

服务员　喝什么饮料？
　　　　Hē shénme yǐnliào?

宋丽丽　来一壶花茶。
　　　　Lái yì hú huāchá.

PLUS 회화 표현

● 中国菜合你的口味儿吗？　중국 음식이 입에 맞으시나요?
　Zhōngguó cài hé nǐ de kǒuwèir ma?

1 又…又…

'又…又…'는 '~하기도 하고 ~하기도 하다'라는 뜻으로 두 가지 상황이나 성질을 동시에 지니고 있음을 표현한다. 형용사뿐만 아니라 동사 앞에도 놓일 수 있다.

又＋A(동사/형용사)＋又＋B(동사/형용사)
A하기도 하고 B하기도 하다

- 她又聪明又漂亮。 그녀는 똑똑하고 예쁘다.
  Tā yòu cōngming yòu piàoliang.

- 这个东西质量又好，价钱又便宜。 이 물건은 질도 좋고 값도 싸다.
  Zhè ge dōngxi zhìliàng yòu hǎo, jiàqián yòu piányi.

- 她又会说英语，又会说汉语。
  Tā yòu huì shuō Yīngyǔ, yòu huì shuō Hànyǔ.
  그녀는 영어도 할 줄 알고, 중국어도 할 줄 안다.

2 선택의문문

선택의문문이란 접속사 '还是'를 이용하여 두 가지의 가능한 대답을 제시하고 그중 하나를 선택하도록 하는 의문문을 가리킨다.

A 还是 B? A인가요, 아니면 B인가요?

- 今天去还是明天去? 오늘 가세요, 아니면 내일 가세요?
  Jīntiān qù háishi míngtiān qù?

- 你喝咖啡还是绿茶? 커피 마실래요, 아니면 녹차 마실래요?
  Nǐ hē kāfēi háishi lǜchá?

- 坐车去还是骑车去? 차 타고 갈래요, 아니면 자전거 타고 갈래요?
  Zuò chē qù háishi qíchē qù?

참고 단어

聪明 cōngming 형 똑똑하다 | 质量 zhìliàng 명 질. 품질 | 价钱 jiàqián 명 값. 가격 | 英语 Yīngyǔ 명 영어 |
绿茶 lǜchá 명 녹차

회화 2 서비스 요청 및 계산하기

马克   别放香菜。请给我拿几张餐巾纸。
Bié fàng xiāngcài. Qǐng gěi wǒ ná jǐ zhāng cānjīnzhǐ.

服务员   好。给您餐巾纸。
Hǎo. Gěi nín cānjīnzhǐ.

朴大韩   我们的菜还没上来，能快点儿吗？
Wǒmen de cài hái méi shànglái, néng kuài diǎnr ma?

服务员   请稍等。我去看看。
Qǐng shāo děng. Wǒ qù kànkan.

(吃完饭后)
(chīwán fàn hòu)

马克   服务员，买单!
Fúwùyuán, mǎidān!

服务员   扫这边就可以。
Sǎo zhèbiān jiù kěyǐ.

马克   这个菜打包。
Zhè ge cài dǎbāo.

服务员   好。
Hǎo.

> 참고
>
> '买单 mǎidān'은 '계산하다'라는 뜻으로 동의어
> '结账 jiézhàng'을 사용해도 무방하다.

PLUS 회화 표현

● 是支付宝还是微信？ 알리페이예요, 아니면 위챗이예요?
Shì Zhīfùbǎo háishi Wēixìn?

학습 포인트

1 금지문

중국어의 금지문은 동사 앞에 '別' 혹은 '不要'를 써서 나타낸다. 문장 끝에 어기조사 '了'를 붙여 사용하기도 한다.

- 別放味精(了)。　조미료 넣지 마세요.
  Bié fàng wèijīng (le).

- 你别迟到(了)。　당신 지각하지 마세요.
  Nǐ bié chídào (le).

- 你别抽烟(了)。　당신 담배 피우지 마세요.
  Nǐ bié chōuyān (le).

2 전치사 '给'

전치사 '给'는 '~에게'라는 뜻으로 동작이나 행위를 받는 대상을 이끌어 내는 데 사용된다.

给 + 사람(人) + 동사 + 사물(物)

- 请给我拿一个碟子。　나에게 접시 하나만 가져다 주세요.
  Qǐng gěi wǒ ná yí ge diézi.

- 我给你买一件衣服。　내가 당신에게 옷 한 벌을 사 줄게요.
  Wǒ gěi nǐ mǎi yí jiàn yīfu.

- 这是我给你送的花儿。　이것은 내가 당신에게 선물하는 꽃이에요.
  Zhè shì wǒ gěi nǐ sòng de huār.

· 참고 단어

味精 wèijīng 명 조미료 | **迟到** chídào 동 지각하다 | **抽烟** chōuyān 동 담배를 피우다 | **碟子** diézi 명 접시 |
送 sòng 동 선물하다, 배웅하다

듣기 🎧
听一听

1 녹음 내용을 듣고 질문에 적합한 것에 V를 표시하세요. 04-05

1) 客人需要几张餐巾纸。 ☐

2) 客人需要几瓶矿泉水。 ☐

3) 客人需要几杯啤酒。 ☐

2 녹음을 듣고, 그림과 일치하면 O표, 틀리면 X표를 하세요. 04-06

1)

2)

3)

3 녹음을 듣고, 내용과 일치하는 그림을 골라 번호를 쓰세요. 04-07

1) ☐   2) ☐   3) ☐

❶

❷

❸

말하기 🥚
说一说

1 밑줄 친 부분을 바꾸어 대화해 보세요. 〔04-08〕

> A: 请给我拿<u>几张餐巾纸</u>。　Qǐng gěi wǒ ná jǐ zhāng cānjīnzhǐ.
> B: 请稍等。　Qǐng shāo děng.

1)

一个碟子
yí ge diézi
접시 한 개

2)

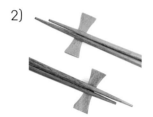

两双筷子
liǎng shuāng kuàizi
젓가락 두 쌍

3)

一张湿巾
yì zhāng shījīn
물티슈 한 장

2 밑줄 친 부분을 바꾸어 문장을 완성해 보세요. 〔04-09〕

> 我爱吃又<u>酸</u>又<u>甜</u>的。 Wǒ ài chī yòu suān yòu tián de.

1) 辣 / 咸
là / xián
맵다 / 짜다

2) 甜 / 咸
tián / xián
달다 / 짜다

3) 清淡 / 柔软
qīngdàn / róuruǎn
담백하다 / 부드럽다

3 중국 식당에서 중국어로 음식을 주문해 보세요.

> | 客人 | 服务员，请给我菜单。 |
> | 服务员 | 这是菜单。请点菜。 |
> | 客人 | 来一个 _____ 。 |

1 보기에서 알맞은 단어를 골라 문장을 완성하세요.

보기

一起	稍	扫	放	点	拿
yìqǐ	shāo	sǎo	fàng	diǎn	ná

1) 这是菜单，请 _____ 菜。   여기 메뉴입니다. 주문하세요.

2) 别 _____ 香菜。请给我 _____ 几张餐巾纸。
고수는 넣지 마세요. 냅킨 몇 장만 가져다 주세요.

3) 请 _____ 等。   잠시 기다려 주세요.

4) _____ 这边就可以。   여기 스캔하시면 됩니다.

2 다음 단어를 알맞은 순서로 배열하세요.

1) 나는 새콤달콤한 것을 좋아해요.

的	/	甜	/	爱吃	/	酸	/	又	/	我	/	又
de		tián		ài chī		suān		yòu		wǒ		yòu

➡ _____

2) 냅킨 몇 장 가져다 주세요.

餐巾纸	/	拿	/	张	/	请	/	我	/	给	/	几
cānjīnzhǐ		ná		zhāng		qǐng		wǒ		gěi		jǐ

➡ _____

3) 우리(가 주문한) 요리가 아직 나오지 않았어요.

上来	/	没	/	的	/	菜	/	还	/	我们
shànglái		méi		de		cài		hái		wǒmen

➡ _____

🌸 알맞은 말이 되도록 문장을 연결한 후 대화해 보세요.

04-10

1) 这是菜单，请点菜。

2) 还要别的吗？

3) 要什么主食？

4) 喝什么饮料？

A 来一壶花茶。

B 来两碗米饭。

C 再来一个酸辣汤和小笼包。

D 我爱吃又酸又甜的。
来一个松鼠鳜鱼。

04-11

1) 别放香菜。
请给我拿几张餐巾纸。

2) 我们的菜还没上来，
能快点儿吗？

3) 服务员，买单！

4) 这个菜打包。

A 请稍等。我去看看。

B 好。给您餐巾纸。

C 行。

D 扫这边就可以。

主食 zhǔshí 주식

米饭 쌀밥
mǐfàn

饺子 만두
jiǎozi

炒面 볶음면
chǎomiàn

热菜 rècài 뜨거운 요리

软炸里脊
ruǎnzhá lǐji
롼쟈리지(살코기 튀김)

松鼠鲤鱼
sōngshǔ lǐyú
쏭슈리위(잉어 요리)

红烧狮子头
hóngshāo shīzi tóu
훙샤오스쯔터우(완자 조림)

麻婆豆腐
mápó dòufu
마포떠우푸(마파두부)

汤 tāng 탕

酸辣汤 suānlàtāng
쏸라탕

西红柿鸡蛋汤
xīhóngshì jīdàntāng
토마토 계란탕

三鲜汤 삼선탕
sānxiāntāng

饮料 yǐnliào 음료

啤酒 맥주
píjiǔ

可乐 콜라
kělè

雪碧 사이다
xuěbì

橙汁儿 오렌지주스
chéngzhīr

중국 문화 산책

중국 4대 요리

　중국은 국토가 넓어 지방에 따라 각기 다른 음식 맛의 특징이 있다. '**东辣西酸南甜北咸 dōng là xī suān nán tián běi xián**', 즉 동쪽 음식은 맵고, 서쪽 음식은 시고, 남쪽 음식은 달고, 북쪽 음식은 짠 특징이 있다. 황하 중하류를 중심으로 한 북방은 베이징 요리가 대표하고, 장강의 하류는 상하이 요리가, 장강의 중상류는 쓰촨 요리가, 주장강 유역은 광둥 요리가 대표한다. 베이징의 대표적인 음식은 '베이징 오리 구이'가 있고, 상하이 요리는 바다와 가깝기 때문에 게와 같은 해산물을 활용하는 특징이 있다. '먹는 것은 광둥에서'라는 말이 있을 정도로 광둥 지역은 예부터 요리가 발달한 곳인데 탕수육, 팔보채, 딤섬 등이 광둥 요리이다. 쓰촨 지역은 기온차가 심해 향신료를 많이 쓴 요리가 발달한 것이 특징으로 훠궈, 라조기, 마파두부 등이 대표 요리이다.

✦ 베이징 오리 구이(北京烤鸭 Běijīng kǎoyā)

✦ 상하이 털게찜 요리(大闸蟹 dàzháxiè)

✦ 쓰촨 훠궈(火锅 huǒguō)

✦ 광둥 딤섬(点心 diǎnxīn)

UNIT 05

购物

gòuwù

쇼핑하기

학습 내용

1. 백화점에서 티셔츠 입어보기 这件T恤我可以试试吗?
2. 기념품 가게에서 가격 흥정하기 太贵了。能便宜一点儿吗?
3. 상품의 품질 표현하기 这是中国最好的，高档的。

핵심 문법

1. A 是 A，不过 B
2. 조동사 '能'과 '可以'
3. 중심어가 없는 '的'자 구조

샹그릴라(香格里拉): 영국 작가 제임스 힐튼의 〈잃어버린 지평선 Lost horizon〉(1933)에 묘사된 동양의 파라다이스

사진으로
배우는
중국어

唐三彩
tángsāncǎi
당삼채
[당나라 때 삼채
유약을 사용해
만든 토기]

景泰蓝
jǐngtàilán
경태람
[명나라 경태년에
유행된 법랑 공예]

唐装
tángzhuāng
탕좡 [중국 전통 남성 의복]

旗袍
qípáo
치파오 [중국 전통 여성 의복]

丝绸
sīchóu
비단

陶瓷
táocí
도자기

회화 1 💬

- **欢迎光临** huānyíng guānglín 어서 오세요
- **随便** suíbiàn [부] 마음대로, 편한 대로
- **T恤** T xù [명] 티셔츠
- **可以** kěyǐ [조] ~해도 된다, ~할 수 있다
- **试试** shìshi 시험 삼아 한번 ~해보다
- **穿** chuān [동] 입다
- **多大号** duōdà hào 몇 치수
- **中号** zhōnghào [명] 중간 사이즈
- **好看** hǎokàn [형] 예쁘다, 보기 좋다
- **不过** búguò [접] 그러나
- **肥** féi [형] 헐렁하다, 크다
- **换** huàn [동] 바꾸다, 갈아입다
- **小号** xiǎohào [명] 작은 사이즈
- **正合适** zhèng héshì 딱 맞다, 딱 적합하다
- **极了** jíle [부] 매우, 굉장히

회화 2 💬

- **高档** gāodàng [형] 고급스럽다
- **最少** zuìshǎo [부] 적어도, 최소한
- **再** zài [부] 다시, 또

고유 명사

- **唐三彩** tángsāncǎi 당삼채 [당대에 유행한 도기]

1

欢迎光临！请随便看看。

Huānyíng guānglín! Qǐng suíbiàn kànkan.

어서 오세요! 맘껏 둘러보세요.

2

这件T恤，我可以试试吗?

Zhè jiàn T xù, wǒ kěyǐ shìshi ma?

이 티셔츠를 제가 한번 입어 봐도 될까요?

3

这件好看是好看，不过有点儿肥。

Zhè jiàn hǎokàn shì hǎokàn, búguò yǒudiǎnr féi.

이 옷은 예쁘긴 예쁘지만 조금 헐렁해요.

4

太贵了。能便宜一点儿吗?

Tài guì le. Néng piányi yìdiǎnr ma?

너무 비싸요. 좀 싸게 해 줄 수 있나요?

5

这是中国最好的，高档的。

Zhè shì Zhōngguó zuì hǎo de, gāodàng de.

이것은 중국에서 가장 좋은 것으로 고품질입니다.

6

再便宜一点儿吧。

Zài piányi yìdiǎnr ba.

조금 더 싸게 해 주세요.

05-03

售货员　欢迎光临！请随便看看。
　　　　Huānyíng guānglín! Qǐng suíbiàn kànkan.

李秀英　这件T恤，我可以试试吗？
　　　　Zhè jiàn T xù, wǒ kěyǐ shìshi ma?

售货员　可以，您穿多大号的？
　　　　Kěyǐ, nín chuān duōdà hào de?

李秀英　中号的。
　　　　Zhōnghào de.

售货员　你试试这件。怎么样？
　　　　Nǐ shìshi zhè jiàn. Zěnmeyàng?

李秀英　这件好看是好看，不过有点儿肥。
　　　　Zhè jiàn hǎokàn shì hǎokàn, búguò yǒudiǎnr féi.

售货员　换小号的，再试试吧。
　　　　Huàn xiǎohào de, zài shìshi ba.

李秀英　这件正合适。
　　　　Zhè jiàn zhèng héshì.

　　　　好极了，我就买这件。
　　　　Hǎo jíle, wǒ jiù mǎi zhè jiàn.

PLUS 회화 표현

● 我有一张优惠券。　나는 할인쿠폰이 한 장 있어요.
　Wǒ yǒu yì zhāng yōuhuìquàn.

1 A是A，不过B

'A是A，不过B'는 'A는 A이긴 하나, 그러나 B이다'라는 의미로 앞 절에서 어떤 사실을 인정하고 뒷 절에서는 그에 대한 전환을 나타낼 때 사용된다.

- 这件衣服漂亮是漂亮，不过我不想买。
  Zhè jiàn yīfu piàoliang shì piàoliang, búguò wǒ bù xiǎng mǎi.
  이 옷은 예쁘긴 예쁘지만 사고 싶지는 않다.

- 四川菜好吃是好吃，不过有点儿辣。
  Sìchuān cài hǎochī shì hǎochī, búguò yǒudiǎnr là.
  쓰촨 요리는 맛있긴 맛있지만 조금 매워요.

2 有点儿 + 형용사

'有点儿'은 '조금, 약간'이란 뜻으로 형용사 앞에서 부사어가 되어, 순조롭지 않거나 마음에 들지 않는다는 어감을 표현한다.

- 这件事有点儿麻烦。　이 일은 다소 귀찮아요.
  Zhè jiàn shì yǒudiǎnr máfan.

- 桌子有点儿脏。　책상이 조금 지저분해요.
  Zhuōzi yǒudiǎnr zāng.

3 형용사 + 极了

'极了'는 '매우, 굉장히'란 뜻으로 형용사 뒤에 쓰여 정도가 최고에 이름을 나타낸다.

- 今天公司很忙，我累极了。　오늘 회사 일이 바빠서 너무 피곤해요.
  Jīntiān gōngsī hěn máng, wǒ lèi jíle.

- 收到你的信，我高兴极了。　당신의 편지를 받고, 나는 무척 기뻤어요.
  Shōudào nǐ de xìn, wǒ gāoxìng jíle.

⌐ 참고 단어

漂亮 piàoliang 형 예쁘다 | 麻烦 máfan 형 귀찮다 동 폐를 끼치다 | 桌子 zhuōzi 명 책상 | 脏 zāng 형 더럽다, 지저분하다 | 收 shōu 동 받다 | 信 xìn 명 편지

회화 2 💬 | 기념품 가게에서 물건 구입하기

🎧 05-04

朴大韩　这个唐三彩，多少钱？
Zhè ge tángsāncǎi, duōshao qián?

售货员　五百八。
Wǔbǎi bā.

朴大韩　太贵了。能便宜一点儿吗？
Tài guì le. Néng piányi yìdiǎnr ma?

售货员　这是中国最好的，高档的。
Zhè shì Zhōngguó zuì hǎo de, gāodàng de.

朴大韩　四百五十元，怎么样？
Sìbǎi wǔshí yuán, zěnmeyàng?

售货员　不行，最少五百元。
Bù xíng, zuìshǎo wǔbǎi yuán.

朴大韩　再便宜一点儿吧。
Zài piányi yìdiǎnr ba.

售货员　那四百八吧。
Nà sìbǎi bā ba.

PLUS 회화 표현

● 我们这儿是不二价的。 우리는 정찰제입니다.
Wǒmen zhèr shì bú'èrjià de.

학습 포인트

1 조동사 '能'과 '可以'

'能'은 개인적인 어떤 능력을 갖고 있거나 객관적 상황의 허가를 나타내며, '可以'는 객관적 혹은 도리상의 허가를 나타낸다.

- 小李能说三种外语。 샤오리는 3개 국어를 할 수 있어요.
  Xiǎo Lǐ néng shuō sān zhǒng wàiyǔ.

- 今天我有急事儿，不能参加聚会。 오늘 급한 일이 생겨서 모임에 참석할 수 없어요.
  Jīntiān wǒ yǒu jíshìr, bù néng cānjiā jùhuì.

- A: 我可以走了吗？ 제가 가도 될까요?
  Wǒ kěyǐ zǒu le ma?

- B: 可以啊。 가도 돼요.
  Kěyǐ a.

2 중심어가 없는 '的'자 구조

조사 '的'는 ①종속 관계, ②수식 관계, ③중심어가 없는 '的'자 구조를 형성하여 명사화할 때 쓰인다. '的' 앞에는 명사, 형용사, 동사가 놓일 수 있다.

- A: 这是谁的？ 이거 누구 거예요?
  Zhè shì shéi de?

- B: 这是我的。 이거 제 거예요.
  Zhè shì wǒ de.

- A: 你爱吃甜的吗？ 당신은 단 것을 선호하나요?
  Nǐ ài chī tián de ma?

- B: 我不爱吃甜的，我爱吃辣的。 저는 단 것 말고 매운 것을 좋아해요.
  Wǒ bú ài chī tián de, wǒ ài chī là de.

- A: 这个手机是你买的吗？ 이 휴대전화는 당신이 산 겁니까?
  Zhè ge shǒujī shì nǐ mǎi de ma?

- B: 对！这是我新买的。 맞아요. 이것은 내가 새로 산 거예요.
  Duì! Zhè shì wǒ xīn mǎi de.

참고 단어

种 zhǒng 명 종류 | **外语** wàiyǔ 명 외국어 | **急事** jíshì 명 급한 일 | **参加** cānjiā 동 참석하다 | **聚会** jùhuì 명 모임 | **新** xīn 형 새롭다

듣기 🎧
听一听

1 녹음 내용을 듣고 질문에 적합한 것에 V를 표시하세요. 🔊 05-05

1) 306元。 ☐

2) 309元。 ☐

3) 390元。 ☐

2 녹음을 듣고, 그림과 일치하면 O표, 틀리면 X표를 하세요. 🔊 05-06

1)

2)

3)

3 녹음을 듣고, 내용과 일치하는 사진을 골라 번호를 쓰세요. 🔊 05-07

1) ☐   2) ☐   3) ☐

말하기 🎤
说一说

1 밑줄 친 부분을 바꾸어 대화해 보세요. 🔊 05-08

A: 这件T恤，我可以试试吗？　Zhè jiàn T xù, wǒ kěyǐ shìshi ma?

B: 可以。您穿多大号的？　Kěyǐ. Nín chuān duōdà hào de?

1)

件 / 衬衫
jiàn / chènshān
벌 / 와이셔츠, 블라우스

2)

条 / 裤子
tiáo / kùzi
벌 / 바지

3)

双 / 鞋子
shuāng / xiézi
켤레 / 신발

2 밑줄 친 부분을 바꾸어 문장을 완성해 보세요. 🔊 05-09

好看是好看，不过有点儿<u>肥</u>。　Hǎokàn shì hǎokàn, búguò yǒudiǎnr féi.

1)

瘦
shòu
꽉 끼다

2)

长
cháng
길다

3)

短
duǎn
짧다

3 당신이 예측하는 가격에 따라 사고 싶은 물건을 사 보세요.

항목	旗袍 qípáo 치파오	景泰蓝 jǐngtàilán 경태람	丝绸睡衣 sīchóu shuìyī 비단 잠옷
예측 가격			

쓰기 📖
写一写

1 보기에서 알맞은 단어를 골라 문장을 완성하세요.

> 보기   方便   极了   随便   合适   欢迎
>   fāngbiàn   jíle   suíbiàn   héshì   huānyíng

1) _____ 光临! 어서 오세요!

2) 请 _____ 看看。 편하게 구경하세요.

3) 这件正 _____ 。 이 옷은 딱 맞아요.

4) 好 _____ , 我就买这件。 정말 좋아요. 이 옷을 바로 살게요.

2 다음 단어를 알맞은 순서로 배열하세요.

1) 이 옷은 예쁘긴 예쁘지만 조금 헐렁해요.

| 好看 | / | 不过 | / | 肥 | / | 是 | / | 有点儿 | / | 好看 | / | 这件 |
| hǎokàn | | búguò | | féi | | shì | | yǒudiǎnr | | hǎokàn | | zhè jiàn |

➡ _____

2) 너무 비싸요. 좀 깎아 주시겠어요?

| 贵 | / | 一点儿 | / | 吗 | / | 便宜 | / | 了 | / | 能 | / | 太 |
| guì | | yìdiǎnr | | ma | | piányi | | le | | néng | | tài |

➡ _____

3) 이것은 중국에서 가장 좋은 것으로 고품질입니다.

| 的 | / | 最好 | / | 高档 | / | 是 | / | 的 | / | 中国 | / | 这 |
| de | | zuì hǎo | | gāodàng | | shì | | de | | Zhōngguó | | zhè |

➡ _____

🌸 알맞은 말이 되도록 문장을 연결한 후 대화해 보세요.

🎧 05-10

1) 这件T恤，我可以试试吗？   A 这件好看是好看，不过有点儿肥。

2) 您穿多大号的？   B 这件正合适。好极了，我就买这件。

3) 你试试这件。怎么样？   C 中号的。

4) 换小号的，再试试吧。   D 您试一下吧。

🎧 05-11

1) 这个唐三彩，多少钱？   A 不行，最少五百元。

2) 太贵了。能便宜一点儿吗？   B 五百八。

3) 四百五十元，怎么样？   C 这是中国最好的，高档的。

4) 再便宜一点儿吧。   D 那四百吧。

一件大衣
yí jiàn dàyī
외투 한 벌

一件夹克
yí jiàn jiākè
재킷 한 벌

一套西服
yí tào xīfú
양복 한 벌

一条领带
yì tiáo lǐngdài
넥타이 한 개

一条裙子
yì tiáo qúnzi
치마 한 벌

一条牛仔裤
yì tiáo niúzǎikù
청바지 한 벌

一顶帽子
yì dǐng màozi
모자 한 개

一副太阳镜
yí fù tàiyángjìng
선글라스 한 개

一条项链
yì tiáo xiàngliàn
목걸이 한 개

一对耳环
yí duì ěrhuán
귀걸이 한 쌍

중국 문화 산책

윈난성(云南省) 샹그릴라(香格里拉)

"설산 협곡에 금빛 찬란한 절이 있다. 신비하다. 빙하와 숲과 호수와 대초원이 있다. 초원에는 소와 양이 떼 지어 다닌다. 아름답고 고요하고 여유가 넘친다. 세상과 동떨어진 곳이다……"

James Hilton, 《잃어버린 지평선》(1933) 중

샹그릴라는 티베트어로 '푸른 달빛의 골짜기'라는 뜻으로 인류가 이상으로 그리는 완전하고 평화로운 상상 속의 세계를 비유한다. 1930년대 위기에 처한 서구가 문명의 정수를 보전하고자 정신적 탈출구를 찾는 과정에서 만들어낸 동양적 낙원이라고 할 수 있는데, 이곳에 한번 발을 들여놓으면 탈출하기가 어려우며 세월도 느리게 흐르는 불로장생의 장소로 소개되고 있다. 또한 이곳에서는 100살이 되어도 40대의 모습과 건강을 유지할 수 있으며, 삶의 근심과 세상의 고통에서 해방된 완전하고 평화로운 마을로 묘사되고 있다.

✛ 샹그릴라의 송짠린스(松赞林寺)
300년 역사를 가진 윈난성 최대의 금빛 찬란한 티베트 사원

✛ 제임스 힐튼의 《잃어버린 지평선》(1933) 속 공간 배경 샹그릴라

UNIT 06

问路

wènlù

길 묻기

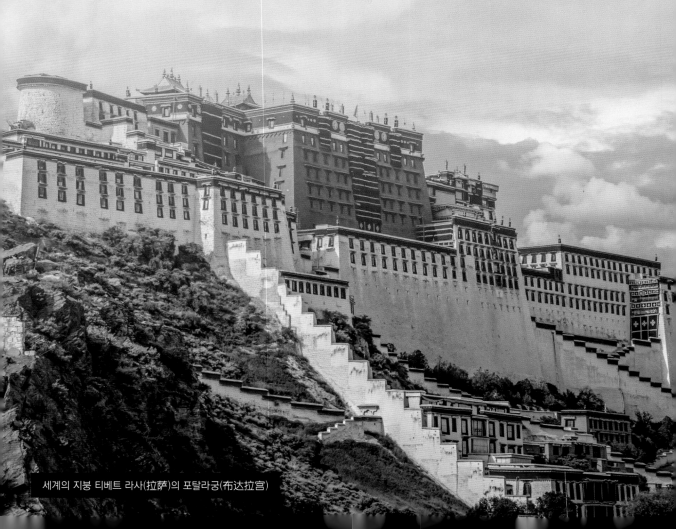

세계의 지붕 티베트 라사(拉萨)의 포탈라궁(布达拉宫)

사진으로 배우는 중국어

十字路口
shízì lùkǒu
사거리

红绿灯
hónglǜdēng
신호등

立交桥
lìjiāoqiáo
입체 교차로

人行横道
rénxíng héngdào
횡단보도, 건널목

过街天桥
guòjiē tiānqiáo
육교

회화 1

- **地铁站** dìtiězhàn 　명　 지하철역
- **就** jiù 　부　 바로 [긍정의 어조를 강조]
- **一直** yìzhí 　부　 줄곧
- **前** qián 　명　 앞
- **第** dì 　접두　 제~, ~번 째
- **十字路口** shízì lùkǒu 　명　 사거리
- **左** zuǒ 　명　 좌, 왼쪽
- **拐** guǎi 　동　 돌다
- **着** zhe 　조　 상태의 지속을 나타내는 조사

고유 명사

- **南京路** Nánjīnglù 난징루

회화 2

- **劳驾** láojià 　동　 실례합니다
- **便利店** biànlìdiàn 　명　 편의점
- **对面** duìmiàn 　명　 맞은편
- **家** jiā 　양　 집 [가게·기업 등을 세는 단위]
- **过** guò 　동　 건너다
- **马路** mǎlù 　명　 길, 대로
- **右** yòu 　명　 우, 오른쪽
- **路** lù 　명　 길 　양　 (운수 기관 등의) 노선
- **左边(儿)** zuǒbiān(r) 　명　 왼쪽
- **银行** yínháng 　명　 은행
- **旁边(儿)** pángbiān(r) 　명　 옆

1 请问，我去南京路怎么走?

Qǐngwèn, wǒ qù Nánjīnglù zěnme zǒu?

실례합니다. 난징루 가려면 어떻게 갑니까?

2 一直往前走，到第一个十字路口往左拐。

Yìzhí wǎng qián zǒu, dào dì yí ge shízì lùkǒu wǎng zuǒ guǎi.

앞으로 쭉 가다가 첫 번째 사거리에서 왼쪽으로 도세요.

3 不太远。走着去要十分钟。

Bú tài yuǎn. Zǒuzhe qù yào shí fēnzhōng.

그다지 멀지 않아요. 걸어서 가면 10분 걸려요.

4 劳驾，这附近有便利店吗?

Láojià, zhè fùjìn yǒu biànlìdiàn ma?

실례지만, 이 근처에 편의점이 있나요?

5 先过马路，然后往右拐。

Xiān guò mǎlù, ránhòu wǎng yòu guǎi.

우선 길을 건넌 후에 오른쪽으로 도세요.

6 便利店在路的左边儿，银行旁边儿。

Biànlìdiàn zài lù de zuǒbiānr, yínháng pángbiānr.

편의점은 길 왼쪽, 은행 옆에 있어요.

회화 1 💬 | 길 묻기

➕ 길 묻기1

李秀英 | 请问，地铁站在哪儿？
Qǐngwèn, dìtiězhàn zài nǎr?

路人1 | 就在那儿。
Jiù zài nàr.

➕ 길 묻기2

李秀英 | 请问，我去南京路怎么走？
Qǐngwèn, wǒ qù Nánjīnglù zěnme zǒu?

路人2 | 一直往前走，到第一个十字路口往左拐。
Yìzhí wǎng qián zǒu, dào dì yí ge shízì lùkǒu wǎng zuǒ guǎi.

李秀英 | 离这儿远吗？
Lí zhèr yuǎn ma?

路人2 | 不太远。走着去要十分钟。
Bú tài yuǎn. Zǒuzhe qù yào shí fēnzhōng.

PLUS 회화 표현

- 我迷路了。 저는 길을 잃었어요.
  Wǒ mílù le.

1 방향을 나타내는 전치사 '往'

'往 wǎng'은 '~을 향해', '~쪽으로'라는 뜻으로 방향을 나타내는 전치사로 쓰인다.

- 便利店很近，往前走就是。 편의점은 가까워요. 앞으로 가면 바로 나와요.
  Biànlìdiàn hěn jìn, wǎng qián zǒu jiù shì.

- 往左拐，就是商店。 왼쪽으로 돌면 바로 상점이 있어요.
  Wǎng zuǒ guǎi, jiù shì shāngdiàn.

2 기점을 나타내는 전치사 '离'

'离 lí'는 '~로부터', '~에서'라는 의미로 형용사 '远 yuǎn (멀다)' 혹은 '近 jìn (가깝다)'과 함께 쓰여 거리를 나타낸다. 또한 '离'는 동사 앞에 놓여 시간 사이의 기점을 나타낸다.

- 我家离这儿不太远。 우리 집은 여기서 그다지 멀지 않아요.
  Wǒ jiā lí zhèr bú tài yuǎn.

- 离上课只有五分钟了。 수업까지는 5분밖에 남지 않았어.
  Lí shàngkè zhǐ yǒu wǔ fēnzhōng le.

3 동태조사 '着 zhe'

동태조사 '着 zhe'가 동사 뒤에 놓이면 동작이나 상태가 지속되는 것을 표현한다. 부정문은 '不'가 아니라 '没(有)'로 한다.

긍정문	窗户开着。 창문이 열려 있다. Chuānghu kāizhe. 手机在你手里拿着呢。 휴대전화는 당신 손에 있네요. Shǒujī zài nǐ shǒu li názhe ne.
부정문	门没开着。 문이 열려 있지 않아요. Mén méi kāizhe. 我没带着雨伞。 나는 우산을 안 가져왔어요. Wǒ méi dàizhe yǔsǎn.

⌐ 참고 단어

门 mén 명 문 | 开 kāi 동 열다 | 带 dài 동 지니다 | 雨伞 yǔsǎn 명 우산

회화 2 편의점 위치 묻기

06-04

朴大韩　劳驾，这附近有便利店吗？
　　　　Láojià, zhè fùjìn yǒu biànlìdiàn ma?

路人　　对面有一家便利店。
　　　　Duìmiàn yǒu yì jiā biànlìdiàn.

朴大韩　怎么走？
　　　　Zěnme zǒu?

路人　　先过马路，然后往右拐。
　　　　Xiān guò mǎlù, ránhòu wǎng yòu guǎi.

朴大韩　往右拐吗？
　　　　Wǎng yòu guǎi ma?

路人　　对。便利店在路的左边儿，银行旁边儿。
　　　　Duì. Biànlìdiàn zài lù de zuǒbiānr, yínháng pángbiānr.

PLUS 회화 표현

● **走到头就到了。** 이 길 끝까지 가면 바로 나옵니다.
　Zǒu dào tóu jiù dào le.

1 劳驾

'劳驾 láojià'는 '请问 qǐngwèn'과 마찬가지로 행인에게 길을 물어보거나 다른 사람에게 질문할 때 사용하는 인사말이다.

- 劳驾, 这路车到天安门吗? 실례지만, 이 버스는 톈안먼에 갑니까?
  Láojià, zhè lù chē dào Tiān'ānmén ma?

- 劳驾, 洗手间在哪儿? 실례합니다. 화장실은 어디에 있나요?
  Láojià, xǐshǒujiān zài nǎr?

2 방위사(方位词)

'附近 fùjìn (근처)', '对面 duìmiàn (맞은편)', '左边(儿) zuǒbiān(r) (왼쪽)', '旁边(儿) pángbiān(r) (옆)' 등은 모두 방위사이다. 방위사는 명사의 일종으로 주어, 목적어, 관형어(한정어) 등의 문장 성분으로 쓰일 수 있다.

> 주어

- (敲门)里边有人吗? (노크를 하며) 안에 누구 있나요?
  (Qiāomén) Lǐbian yǒu rén ma?

> 목적어

- 我去公园附近。 나는 공원 근처에 갑니다.
  Wǒ qù gōngyuán fùjìn.

> 관형어

- 从对面的红绿灯往左拐。 맞은편 신호등에서 왼쪽으로 도세요.
  Cóng duìmiàn de hónglǜdēng wǎng zuǒ guǎi.

⌐• 참고 단어

敲门 qiāomén 동 노크하다 | 里边 lǐbian 명 안쪽 | 红绿灯 hónglǜdēng 명 신호등

듣기 🎧

听一听

1 녹음 내용을 듣고 질문에 적합한 것에 V를 표시하세요.

1) 百货大楼离这儿不太远。走着去要十分钟。 ☐

2) 百货大楼离这儿不太远。坐出租车要十分钟。 ☐

3) 百货大楼离这儿不太远。坐车要十分钟。 ☐

2 녹음을 듣고, 그림과 일치하면 O표, 틀리면 X표를 하세요.

1)

2)

3)

3 녹음을 듣고, 내용과 일치하는 그림을 골라 번호를 쓰세요.

1) ☐

2) ☐

3) ☐

❶

❷

❸

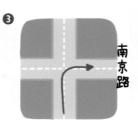

말하기 🎤

说—说

1 밑줄 친 부분을 바꾸어 대화해 보세요. 🔊 06-08

A: 请问，地铁站在哪儿? Qǐngwèn, dìtiězhàn zài nǎr?

B: 就在那儿。 Jiù zài nàr.

1)

在马路对面
zài mǎlù duìmiàn
대로 맞은편에 있어요

2)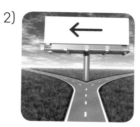

往左拐
wǎng zuǒ guǎi
왼쪽으로 도세요

3)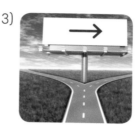

往右拐
wǎng yòu guǎi
오른쪽으로 도세요

2 밑줄 친 부분을 바꾸어 대화를 완성해 보세요. 🔊 06-09

A: 南京路离这儿远吗? Nánjīnglù lí zhèr yuǎn ma?

B: 不太远。走着去要十分钟。 Bútài yuǎn. Zǒuzhe qù yào shí fēnzhōng.

1)

2)

3)

3 두 사람이 길을 묻고 안내해 보세요.

A: 这附近有便利店吗?

B: 公园旁边有一家便利店。

⋮

쓰기 ✏️
写一写

1 보기에서 알맞은 단어를 골라 문장을 완성하세요.

> **보기**
>
> | 附近 | 离 | 往 | 着 | 从 | 往 |
> |------|-----|------|-----|------|------|
> | fùjìn | lí | wǎng | zhe | cóng | wǎng |

1) 一直 _____ 前走，到第一个十字路口 _____ 左拐。
   앞으로 쭉 가세요. 첫 번째 사거리에서 왼쪽으로 도세요.

2) 韩国大使馆 _____ 这儿不太远。 한국대사관은 여기서 그다지 멀지 않아요.

3) 走 _____ 去要十分钟。 걸어서 가면 10분 걸려요.

4) 劳驾，这 _____ 有便利店吗？ 실례합니다. 이 근처에 편의점이 있나요?

2 다음 단어를 알맞은 순서로 배열하세요.

1) 맞은편에 편의점이 하나 있어요.

便利店	/	一	/	有	/	家	/	对面
biànlìdiàn		yī		yǒu		jiā		duìmiàn

➡ _____

2) 먼저 길을 건넌 후 오른쪽으로 도세요.

拐	/	然后	/	右	/	往	/	马路	/	先	/	过
guǎi		ránhòu		yòu		wǎng		mǎlù		xiān		guò

➡ _____

3) 편의점은 길 왼쪽, 은행 옆에 있어요.

旁边儿	/	银行	/	左边	/	路的	/	便利店	/	在
pángbiānr		yínháng		zuǒbian		lù de		biànlìdiàn		zài

➡ _____

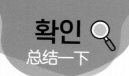

확인 🔍

总结一下

🌸 알맞은 말이 되도록 문장을 연결한 후 대화해 보세요.

 06-10

1) 请问，地铁站在哪儿？   **A** 不知道。我是外地人。

2) 我去南京路怎么走？   **B** 一直往前走，到第一个十字路口往左拐。

3) 离这儿远吗？   **C** 地铁站就在那儿。

4) 劳驾，南京路在哪儿？   **D** 不太远。走着去要十分钟。

06-11

1) 这附近有便利店吗？   **A** 左边就是。

2) 去便利店怎么走？   **B** 对面有一家便利店。

3) 往右拐吗？   **C** 先过马路，然后往右拐。

4) 请问，洗手间在哪儿？   **D** 对。便利店在路的左边，银行旁边儿。

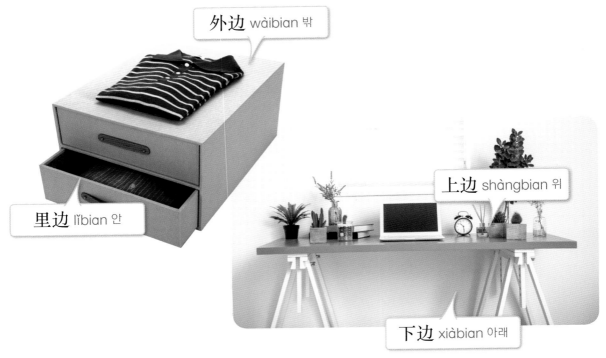

外边 wàibian 밖

里边 lǐbian 안

上边 shàngbian 위

下边 xiàbian 아래

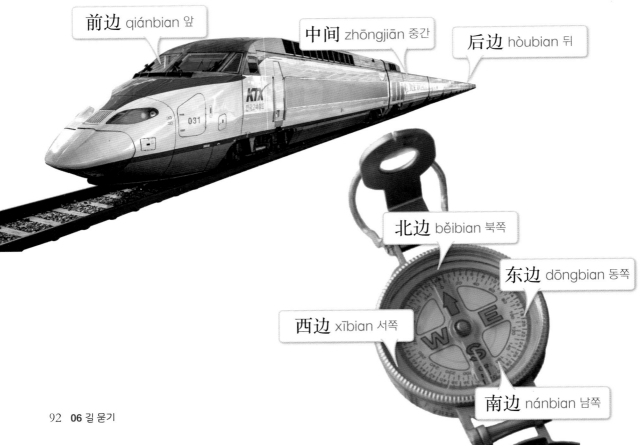

前边 qiánbian 앞

中间 zhōngjiān 중간

后边 hòubian 뒤

北边 běibian 북쪽

东边 dōngbian 동쪽

西边 xībian 서쪽

南边 nánbian 남쪽

중국 문화 산책

세계의 지붕, 티베트(西藏)

중국에서는 티베트를 시짱자치구(西藏自治区 Xīzàng Zìzhìqū)라고 부른다. 약칭하여 '藏'이라고도 부르며, 중심 도시는 라싸(拉萨 Lāsà)로 '성스러운 신의 땅'이라는 뜻이다. 당송대에는 토번(吐蕃)이 통일된 국가를 이루었고, 7세기 초에 토번의 왕 손챈감포(松赞干布)가 티베트를 통일한 뒤 당나라와 화친정책을 펴서 당의 선진문화를 받아들였고, 그로 인해 티베트의 사회 · 경제가 발전하여 큰 번영을 누리게 되었다. 청대 1663년(강희2년)부터 티베트로 불리기 시작했다. 장족(藏族)이 자치구 총인구의 94%를 차지하며 종교는 토착신앙화된 티베트 불교, 즉 라마교를 믿으며 승려 인구만 5만 명에 이른다.

✦ 포탈라궁(布达拉宫)
641년 손챈감포가 문성공주를 맞아들이기 위해 지은 궁

✦ 조캉사원(大昭寺)
당나라에서 가져온 석가모니상을 모셔둔 곳

✦ 오체투지(五体投地)
온몸을 바쳐 부처님에게 하는 절의 형태

✦ 라마 승려
'라마'는 '영적인 스승'을 뜻함

UNIT 07

用电话订票
yòng diànhuà dìngpiào

전화로 항공권 예약하기

학습 내용
1. 전화 용어 배우기 喂，是国航吗?
2. 전화로 항공권 예약하기 我预订两张去北京的机票。
3. "편도로 하시겠어요, 왕복으로 하시겠어요?" 你要单程还是往返?

핵심 문법
1. 결과보어
2. 가능보어
3. 동작의 진행

산시성(山西省) 핑야오(平遥) 챠오쟈따위엔(乔家大院)

사진으로
배우는
중국어

机票
jīpiào
비행기표

航班号
hángbānhào
항공편

12:55	MU5343	深圳	C	
12:55	CZ9423	重庆	B	
13:00	MU5111	北京首都	C	
13:10	EU6680	成都	B	
13:15	MF8568	厦门	A	
13:15	MU2218	西安	B	

起飞时间
qǐfēi shíjiān
이륙 시간

到达时间
dàodá shíjiān
착륙 시간

自 / 至
zì / zhì
~에서 / ~까지

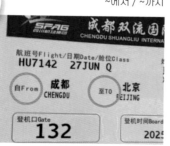

회화 1

- 喂 wéi 〔감〕 여보세요
- 错 cuò 〔형〕 틀리다, 나쁘다
- 机票 jīpiào 〔명〕 비행기표
- 需要 xūyào 〔동〕 필요하다
- 左右 zuǒyòu 〔명〕 쯤, 정도
- 单程 dānchéng 〔명〕 편도
- 往返 wǎngfǎn 〔명〕 왕복
- 航班号 hángbānhào 〔명〕 항공편

고유 명사

- 国航 Guóháng 중국국제항공(Air China)

회화 2

- 刚才 gāngcái 〔명〕 방금
- 通 tōng 〔동〕 통하다
- 出差 chūchāi 〔동〕 출장 가다
- 在…呢 zài … ne 〔부〕 ~하고 있는 중이다 [진행을 나타냄]
- 已经 yǐjīng 〔부〕 이미, 벌써

고유 명사

- 香港 Xiānggǎng 홍콩

1 喂！是国航吗？

Wéi! Shì Guóháng ma?

여보세요! 중국국제항공입니까?

2 我预订两张去北京的机票。

Wǒ yùdìng liǎng zhāng qù Běijīng de jīpiào.

베이징행 비행기표 두 장을 예약하려고 합니다.

3 你要单程还是往返？

Nǐ yào dānchéng háishi wǎngfǎn?

편도로 하시겠어요, 왕복으로 하시겠어요?

4 刚才我给你打电话了，怎么打不通啊？

Gāngcái wǒ gěi nǐ dǎ diànhuà le, zěnme dǎbutōng a?

내가 아까 네게 전화했었는데, 왜 통화가 안 됐어?

5 我在休息呢。

Wǒ zài xiūxi ne.

나 쉬고 있어.

6 去北京的机票已经买到了。

Qù Běijīng de jīpiào yǐjīng mǎidào le.

베이징행 비행기표를 이미 샀어요.

07-03

李秀英 **喂！是国航吗？**
Wéi! Shì Guóháng ma?

A **你打错了。**
Nǐ dǎcuò le.

李秀英 **我预订两张去北京的机票。**
Wǒ yùdìng liǎng zhāng qù Běijīng de jīpiào.

售票员 **你需要哪天的？**
Nǐ xūyào nǎ tiān de?

李秀英 **八月十五号上午十点左右的吧。**
Bā yuè shíwǔ hào shàngwǔ shí diǎn zuǒyòu de ba.

售票员 **你要单程还是往返？**
Nǐ yào dānchéng háishi wǎngfǎn?

李秀英 **我要单程。**
Wǒ yào dānchéng.

售票员 **好的。航班号是国航CA1620。**
Hǎo de. Hángbānhào shì Guóháng CA yāo liù èr líng.

PLUS 회화 표현

● **您是哪位？** (전화상에서) 누구시죠?
Nín shì nǎ wèi?

학습 포인트

1 결과보어

결과보어란 동사 뒤에 놓여 동작의 결과를 보충해 주는 문장성분이다. 보통 동사나 형용사가 쓰이며 그중 '错', '到', '好', '完', '着', '满', '懂', '在', '开', '下' 등이 주로 사용된다. 결과보어 구조문의 부정형은 동사 앞에 '没(有)'를 붙여 표현한다.

① 错 cuò 틀리다

- 我看错人了。 내가 사람을 잘못 봤어요.
  Wǒ kàncuò rén le.

- 你写错了，这样写不行。 잘못 썼어요. 이렇게 쓰면 안 돼요.
  Nǐ xiěcuò le, zhèyàng xiě bù xíng.

② 到 dào 행위의 목적 달성

- 那个演唱会的票我买到了。 나는 그 콘서트 티켓을 샀다.
  Nà ge yǎnchànghuì de piào wǒ mǎidào le.

- 他找到工作了。 그는 일자리를 찾았다.
  Tā zhǎodào gōngzuò le.

③ 着 zháo 행위의 목적 달성

- 他睡着了。 그는 잠이 들었다.
  Tā shuìzháo le.

- 我猜着了这是什么意思。 나는 이것이 무슨 뜻인지 알아맞혔다.
  Wǒ cāizháo le zhè shì shénme yìsi.

④ 完 wán 행위의 완성

- 这本书我看完了。 이 책을 나는 다 읽었다.
  Zhè běn shū wǒ kànwán le.

- 他吃完饭了。 그는 밥을 다 먹었다.
  Tā chīwán fàn le.

⑤ 好 hǎo 동작의 완성, 완벽

- 我吃好了。 잘 먹었습니다.
  Wǒ chīhǎo le.

- 我洗好衣服了。 나는 빨래를 다 했어요. [빨랫줄에 너는 것까지 다 했음을 의미]
  Wǒ xǐhǎo yīfu le.

참고 단어

演唱会 yǎnchànghuì 명 콘서트

회화 2 💬 비행기 출발 시간 알려 주기

07-04

王京　喂！是大韩啊！
　　　Wéi! Shì Dàhán a!

朴大韩　刚才我给你打电话了。怎么打不通啊？
　　　　Gāngcái wǒ gěi nǐ dǎ diànhuà le. Zěnme dǎbutōng a?

王京　我在香港，来出差了。
　　　Wǒ zài Xiānggǎng, lái chūchāi le.

朴大韩　现在你在做什么呢？
　　　　Xiànzài nǐ zài zuò shénme ne?

王京　我在休息呢。
　　　Wǒ zài xiūxi ne.

朴大韩　去北京的机票已经买到了，
　　　　Qù Běijīng de jīpiào yǐjīng mǎidào le.

　　　　这星期六上午十点的。
　　　　Zhè xīngqīliù shàngwǔ shí diǎn de.

PLUS 회화 표현

● 我听不清楚。 나 잘 안 들려.
　 Wǒ tīng bu qīngchu.

학습 포인트

1 가능보어

동사와 결과보어 혹은 방향보어 사이에 구조조사 '得'를 넣으면 가능을 나타내는 가능보어가 된다. 가능보어 구조문의 부정형은 '得'를 '不'로 바꾸어 불가능을 나타낸다.

동사 + **得/不** + 결과보어/방향보어 + 목적어

- 你买得到那本书吗? 그 책을 살 수 있어요?
  Nǐ mǎidedào nà běn shū ma?

- 我找不到他家。 나는 그 사람 집을 찾을 수 없어요.
  Wǒ zhǎobudào tā jiā.

- 请慢点儿说，我听得懂。 조금 천천히 말씀해 주시면 알아들을 수 있어요.
  Qǐng màn diǎnr shuō, wǒ tīngdedǒng.

TIP 가능보어의 정반의문문
下周一你回得来回不来?
Xiàzhōuyī nǐ huídelái huíbulái?
다음 주 월요일까지 돌아올 수 있어요?

2 동작의 진행

동작의 진행을 나타낼 때, 동사 앞에 진행부사 '正在', '正', '在' 혹은 문장 끝에 어기조사 '呢'를 써서 표현한다. 때로는 '(正)在…呢'를 사용해서 나타내기도 한다. 부정문은 동사 앞에 '没(有)'를 넣으면 된다.

- 我正在学习汉语呢。 나는 중국어를 공부하고 있다.
  Wǒ zhèngzài xuéxí Hànyǔ ne.

- 他在打电话呢。 그는 전화를 걸고 있다.
  Tā zài dǎ diànhuà ne.

- 小王睡觉呢。 샤오왕은 잠을 자고 있다.
  Xiǎo Wáng shuìjiào ne.

- 我没玩儿手机，我正看书呢。
  Wǒ méi wánr shǒujī, wǒ zhèng kàn shū ne.
  나는 휴대전화를 가지고 놀지 않았고, 책을 읽고 있었다.

> **참고 단어**

懂 dǒng 통 알다, 이해하다

듣기

听一听

1 녹음 내용을 듣고 질문에 적합한 것에 V를 표시하세요. `07-05`

1) 他买到了八月十五日星期六上午十点的。 ☐

2) 他买到了八月二十五日星期六下午十点的。 ☐

3) 他买到了八月二十五日星期六下午四点的。 ☐

2 녹음을 듣고, 그림과 일치하면 O표, 틀리면 X표를 하세요. `07-06`

1)

2)

3)

3 녹음을 듣고, 내용과 일치하는 그림을 골라 번호를 쓰세요. `07-07`

1) ☐

2) ☐

3) ☐

❶

❷

❸

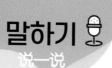

말하기 🎤
说一说

1 밑줄 친 부분을 바꾸어 문장을 완성해 보세요. `07-08`

你打<u>错</u>了。 Nǐ dǎ<u>cuò</u> le.

1)

买到
mǎidào
샀다

2)

猜着
cāizháo
알아맞혔다

3)

吃完
chīwán
다 먹었다

2 밑줄 친 부분을 바꾸어 대화를 완성해 보세요. `07-09`

A: 现在你在做什么呢？ Xiànzài nǐ zài zuò shénme ne?
B: 我在<u>休息</u>呢。 Wǒ zài <u>xiūxi</u> ne.

1)

上汉语课
shàng Hànyǔ kè
중국어 수업을 하다

2)

散步
sànbù
산책하다

3)

听广播
tīng guǎngbō
라디오를 듣다

3 여행객과 직원이 되어 시안에서 베이징으로 가는 비행기표를 예약해 보세요.

西安 ⇨ 北京		
航班号 항공편	起飞时间 이륙 시간	到达时间 착륙 시간
CA1419	08：40	10：45
MU7901	11：10	13：25
CZ8831	13：00	15：05

쓰기 ✏️
写一写

1 보기에서 알맞은 단어를 골라 문장을 완성하세요.

> **보기**
>
> | 通 | 还是 | 就是 | 需要 | 在 |
> |---|---|---|---|---|
> | tōng | háishi | jiùshì | xūyào | zài |

1) 你 _____ 哪天的机票？ 어느 날 비행기표가 필요합니까?

2) 你要单程 _____ 往返？ 편도로 하시겠어요, 왕복으로 하시겠어요?

3) 怎么打不 _____ 啊？ 왜 통화가 안 됐어?

4) 现在你 _____ 做什么呢？ 지금 뭐 하는 중이에요?

2 다음 단어를 알맞은 순서로 배열하세요.

1) 베이징행 비행기 티켓 두 장을 예약할게요.

的	/	两张	/	预订	/	机票	/	我	/	去北京
de		liǎng zhāng		yùdìng		jīpiào		wǒ		qù Běijīng

➡ _____

2) 방금 내가 당신에게 전화했어요.

了	/	打电话	/	刚才	/	你	/	我	/	给
le		dǎ diànhuà		gāngcái		nǐ		wǒ		gěi

➡ _____

3) 베이징행 비행기표를 나는 이미 샀어요.

我	/	机票	/	了	/	的	/	已经	/	去北京	/	买到
wǒ		jīpiào		le		de		yǐjīng		qù Běijīng		mǎidào

➡ _____

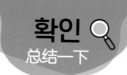
🌸 알맞은 말이 되도록 문장을 연결한 후 대화해 보세요.

07-10

1) 喂！是国航吗？　　　　　　　A　　　　我要往返。

2) 您要订票吗？　　　　　　　　B　　　　你打错了。

3) 你需要哪天的？　　　　　　　C　　我预订两张去北京的机票。

4) 你要单程还是往返？　　　　　D　八月五号上午十点左右的吧。

07-11

1) 刚才我给你打电话了。
    怎么打不通啊？　　　　　　A　　　已经买到了。

2) 现在你在做什么呢？　　　　B　我在香港，来出差了。

3) 去北京的机票你买到了吗？　C　这星期六上午十点的。

4) 哪天的？　　　　　　　　　D　　　我在休息呢。

您好! 我是韩亚航空公司。
Nín hǎo! Wǒ shì Hányà hángkōng gōngsī.
안녕하세요? 아시아나 항공입니다.

请李先生接电话。
Qǐng Lǐ xiānsheng jiē diànhuà.
이 선생님 좀 바꿔 주세요.

请她给我回个电话。
Qǐng tā gěi wǒ huí ge diànhuà.
저에게 전화 좀 해달라고 전해 주세요.

占线。
Zhànxiàn.
통화 중입니다.

请留言。
Qǐng liúyán.
메시지를 남겨 주세요.

电话打通了。
Diànhuà dǎtōng le.
전화 연결되었어요.

我挂电话了。
Wǒ guà diànhuà le.
전화 끊을게요.

중국 문화 산책

핑야오고성(平遙古城)과 챠오쟈따위엔(乔家大院)

산시성(山西省) 핑야오(平遥)는 '진상(晋商)' 혹은 '산시상인(山西商人)'이라 부르는, 중국에서 가장 이름난 상인 집단을 배출한 고장으로 유명하다. BC 800년경 서주 시대에 조성된 도시로, 명청 시대를 거치면서 무역과 금융업의 중심지로 활약했다. 명청 시대의 건축물이 고스란히 남아있어 '완벽하게 보존된 한족의 계획도시'로 인정받아 1997년 유네스코 세계문화유산에 등재되었다. 청나라 상인 교치용(乔致庸)의 저택인 챠오쟈따위엔(乔家大院)은 세계적인 거장 장이머우(张艺谋)의 영화 '홍등(1991)'의 촬영지로 유명하다. 챠오쟈따위엔은 북방 한족의 전통 건축양식을 보존하고 있는 고대 건축물이다. 전반적인 형태는 '囍'자 모양으로 총 6개의 마당에 20개의 작은 정원과 313개의 방이 들어서 있다. 챠오쟈따위엔의 건축물은 모두 고대 성 건축 양식으로 지어져 있다.

＋ 핑야오고성(平遥古城)

＋ 핑야오고성 중심가인 남대가
청나라 시기 중국 금융기관의 50%가 이 거리에 모여 있었다.

＋ 챠오쟈따위엔(乔家大院) 입구

＋ 챠오쟈따위엔(乔家大院)
청대 거상 챠오 집안 사람들이 250여 년 동안 거주했다.

UNIT 08

在免税店
zài miǎnshuìdiàn

면세점에서

학습 내용
1. 면세점에서 쇼핑하기 这边是打折商品，那边是新款。
2. 히트 상품 고르기 这是最近的热卖商品。
3. "각각 포장해 주세요." 这两个包单独包装吧。

핵심 문법
1. '吧'를 이용한 의문문
2. '是不是'로 이루어진 정반의문문
3. 2음절 정반의문문

허베이성(河北省) 청더(承德)의 피서산장(避暑山庄)

사진으로
배우는
중국어

退税
tuìshuì
세금 환급
(Tax Free)

咨询台
zīxúntái
안내데스크

货币兑换
huòbì duìhuàn
환전

服装区
fúzhuāngqū
의류 매장

化装品区
huàzhuāngpǐnqū
화장품 매장

名牌区
míngpáiqū
브랜드 매장

特卖场
tèmàichǎng
행사장

회화 1

- **打折商品** dǎzhé shāngpǐn 할인 상품
- **新款** xīnkuǎn 명 신상품, 신상
- **手提包** shǒutíbāo 명 핸드백
- **牛皮** niúpí 명 가죽 가방
- **自己** zìjǐ 명 자기, 스스로, 직접
- **用** yòng 동 사용하다 전 ~으로, ~을 가지고
- **送** sòng 동 선물하다, 배웅하다
- **种** zhǒng 양 종류 [종·종류를 세는 양사]
- **热卖商品** rèmài shāngpǐn 대박 상품, 히트 상품
- **受** shòu 동 받다
- **年轻人** niánqīngrén 명 젊은이, 젊은 층

회화 2

- **结账** jiézhàng 동 계산하다
- **护照** hùzhào 명 여권
- **现金** xiànjīn 명 현금
- **或者** huòzhě 접 혹은
- **信用卡** xìnyòngkǎ 명 신용카드
- **让** ràng 동 ~로 하여금 ~하게 하다 [사역]
- **美元** měiyuán 명 달러
- **分开** fēnkāi 부 각각, 따로 동 헤어지다
- **包装** bāozhuāng 동 포장하다

1 这边是打折商品，那边是新款。

Zhèbiān shì dǎzhé shāngpǐn, nàbiān shì xīnkuǎn.

이쪽은 할인 상품이고, 저쪽은 신상품입니다.

2 这种卖得很快，是不是?

Zhè zhǒng mài de hěn kuài, shì bu shì?

이런 종류는 잘 팔려요, 그렇죠?

3 这是最近的热卖商品。

Zhè shì zuìjìn de rèmài shāngpǐn.

이것은 최근 히트 상품입니다.

4 很受年轻人的欢迎。

Hěn shòu niánqīngrén de huānyíng.

젊은 층에게 큰 인기랍니다.

5 请到这边来结账。

Qǐng dào zhèbiān lái jiézhàng.

이쪽으로 오셔서 계산하세요.

6 这两个包分开包装吧。

Zhè liǎng ge bāo fēnkāi bāozhuāng ba.

이 두 가방은 따로따로 포장해 주세요.

회화 1

면세점에서 물건 고르기

售货员 **这边是打折商品，那边是新款。**
Zhèbiān shì dǎzhé shāngpǐn, nàbiān shì xīnkuǎn.

李秀英 **这个手提包是牛皮的吧?**
Zhè ge shǒutíbāo shì niúpí de ba?

售货员 **对。你自己用还是送人?**
Duì. Nǐ zìjǐ yòng háishi sòng rén?

李秀英 **我自己用。**
Wǒ zìjǐ yòng.

宋丽丽 **这种卖得很快，是不是?**
Zhè zhǒng mài de hěn kuài, shì bu shì?

售货员 **是的。这是最近的热卖商品，**
Shì de. Zhè shì zuìjìn de rèmài shāngpǐn,

很受年轻人的欢迎。
hěn shòu niánqīngrén de huānyíng.

PLUS 회화 표현

● **有看中的吗?** 마음에 드는 것이 있나요?
　Yǒu kànzhòng de ma?

학습 포인트

1 '吧'를 이용한 의문문

의문조사 '吧'는 '~이죠?'란 뜻으로 어떤 상황에 대해 어느 정도의 추측을 할 수 있을 때 쓰이며, '吗'는 사실 확인을 하기 위해 사용되는 의문조사이다.

- 你是台湾人吧? 당신은 타이완 사람이죠?
  Nǐ shì Táiwānrén ba?

- 你是台湾人吗? 당신은 타이완 사람입니까?
  Nǐ shì Táiwānrén ma?

2 '是不是'로 이루어진 정반의문문

어떤 사실이나 상황에 대해 어느 정도의 확신을 가지고 이를 확인하고자 할 때 '是不是'로 이루어진 정반의문문을 이용하여 나타낸다. '是不是'는 문장의 처음이나 가운데(술어의 앞), 혹은 끝에 놓일 수 있다.

- 是不是小张已经回国了? 샤오장은 이미 귀국했지요, 그렇죠?
  Shì bu shì Xiǎo Zhāng yǐjīng huíguó le?

- 飞机是不是晚点了? 비행기가 연착이지요, 그렇죠?
  Fēijī shì bu shì wǎndiǎn le?

- 你的手机丢了，是不是? 휴대전화를 잃어버렸지요, 그렇죠?
  Nǐ de shǒujī diū le, shì bu shì?

 참고 단어

回国 huíguó 동 귀국하다 | 晚点 wǎndiǎn 동 연착하다 | 丢 diū 동 잃어버리다

회화 2

면세점에서 계산 후 포장 요구하기

售货员　请到这边来结账。
　　　　Qǐng dào zhèbiān lái jiézhàng.

朴大韩　这是我的护照和机票。
　　　　Zhè shì wǒ de hùzhào hé jīpiào.

售货员　用现金或者信用卡都行。
　　　　Yòng xiànjīn huòzhě xìnyòngkǎ dōu xíng.

朴大韩　让我想一想。可不可以用美元?
　　　　Ràng wǒ xiǎng yi xiǎng. Kě bu kěyǐ yòng měiyuán?

售货员　可以。这是发票。请拿好。
　　　　Kěyǐ. Zhè shì fāpiào. Qǐng náhǎo.

马克　　这两个包分开包装吧。
　　　　Zhè liǎng ge bāo fēnkāi bāozhuāng ba.

> ## 참고
> '分开'는 '单独 dāndú'와 동의어로 쓰여 '单独
> 包装 dāndú bāozhuāng'이라고 해도 무방하다.

PLUS 회화 표현

● **开封后的商品不能退换。** 개봉 후의 상품은 환불이 불가능합니다.
　Kāifēng hòu de shāngpǐn bù néng tuìhuàn.

1 사역동사 '让'

사역동사 '让'은 '~에게 ~하게 하다', '~에게 ~하도록 시키다' 등의 뜻으로 쓰인다. 동의어로는 '叫 jiào', '使 shǐ'가 있다. 부정은 사역동사 앞에 '不'를 붙인다.

- 让他进来。 그를 들어오게 하세요.
  Ràng tā jìnlái.

- 让我们好好儿做吧。 우리 잘 해봅시다.
  Ràng wǒmen hǎohāor zuò ba.

- 妈妈不让我看电视。 엄마는 내가 TV를 보지 못하게 하신다.
  Māma bú ràng wǒ kàn diànshì.

2 '或者'와 '还是'

'或者'는 '혹은', '아니면'이란 뜻으로 평서문에 쓰이는 반면 '还是'는 의문문에 쓰여 선택의문문을 형성한다.

- 今天或者明天去。 오늘 아니면 내일 갈 거예요.
  Jīntiān huòzhě míngtiān qù.

- 今天去还是明天去? 오늘 갈까요, 아니면 내일 갈까요?
  Jīntiān qù háishi míngtiān qù?

3 2음절 정반의문문

2음절의 동사나 조동사로 정반의문문을 만들 때에는 첫 번째 동사의 뒷 음절을 생략한다. 여기서 는 '可以＋不可以' 형태를 '可不可以' 4자로 표현했다.

- 可不可以? Kě bu kěyǐ? ＝ 可以吗? Kěyǐ ma?

- 我可不可以请假? 휴가를 신청해도 될까요?
  Wǒ kě bu kěyǐ qǐngjià?

- 你喜不喜欢去旅行? 당신은 여행 가는 것을 좋아합니까?
  Nǐ xǐ bu xǐhuan qù lǚxíng?

- 这是要紧的事儿，你知不知道? 이것이 중요한 일이라는 걸 아세요, 모르세요?
  Zhè shì yàojǐn de shìr, nǐ zhī bu zhīdào?

참고 단어

要紧 yàojǐn 형 중요하다

듣기 🎧
听一听

1 녹음 내용을 듣고 질문에 적합한 것에 V를 표시하세요. 08-05

1) 客人给售货员的是机票。 ☐

2) 客人给售货员的是现金。 ☐

3) 客人给售货员的是护照。 ☐

2 녹음을 듣고, 그림과 일치하면 O표, 틀리면 X표를 하세요. 08-06

1)

2)

3)

3 녹음을 듣고, 내용과 일치하는 사진을 골라 번호를 쓰세요. 08-07

1) ☐ 2) ☐ 3) ☐

❶

❷

❸

말하기 🎤

说一说

1 밑줄 친 부분을 바꾸어 대화해 보세요. 🎧 08-08

A: 这种卖得很快，是不是？ Zhè zhǒng mài de hěn kuài, shì bu shì?

B: 是的。很受<u>年轻人</u>的欢迎。 Shì de. Hěn shòu niánqīngrén de huānyíng.

1)

老年人
lǎoniánrén
노년층

2)

中年人
zhōngniánrén
중년층

3)

妇女们
fùnǚmen
여성들

2 밑줄 친 부분을 바꾸어 문장을 완성해 보세요. 🎧 08-09

<u>分开</u>包装吧。 Fēnkāi bāozhuāng ba.

1)

付钱
fùqián
계산하다

2)

住宿
zhùsù
숙박하다

3)

睡觉
shuìjiào
자다

3 면세점에서 물건 고르기부터 포장 요구까지 관련 대화를 연습해 보세요.

A: 欢迎光临！请随便看看。

B: 这个包是牛皮的吧。我很喜欢这种款式。

C: 你自己用的还是送人？

⋮

쓰기 ✏️
写一写

1 보기에서 알맞은 단어를 골라 문장을 완성하세요.

> **보기**
>
> | 拿 | 让 | 新款 | 热卖 | 打折 |
> |---|---|------|------|------|
> | ná | ràng | xīnkuǎn | rèmài | dǎzhé |

1) 这边是 _____ 商品，那边是 _____ 。 이쪽은 할인 상품이고, 저쪽은 신상품입니다.

2) 这是最近的 _____ 商品。 이것은 최근 히트 상품입니다.

3) _____ 我想一想。可不可以用美元？ 생각 좀 해 볼게요. 달러를 사용해도 될까요?

4) 这是发票，请 _____ 好。 영수증입니다. 잘 챙기세요.

2 다음 단어를 알맞은 순서로 배열하세요.

1) 요즘 젊은 층에 인기가 많아요.

欢迎	/	受	/	最近	/	的	/	很	/	年轻人
huānyíng		shòu		zuìjìn		de		hěn		niánqīngrén

➡ _____

2) 이쪽으로 와서 계산해 주세요.

结账	/	到	/	来	/	请	/	这边
jiézhàng		dào		lái		qǐng		zhèbiān

➡ _____

3) 이런 종류는 잘 팔리죠, 그렇죠?

得	/	是不是	/	这种	/	很快	/	卖
de		shì bu shì		zhè zhǒng		hěn kuài		mài

➡ _____

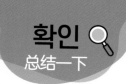

확인
总结一下

🌸 알맞은 말이 되도록 문장을 연결한 후 대화해 보세요.

08-10

1) 这边是打折商品，
那边是新款。

A 很受年轻人的欢迎。

2) 你自己用还是送人？

B 我喜欢新款。

3) 这种商品卖得很快，是不是？

C 我自己用。

4) 这个手提包很受年轻人的
欢迎吗？

D 是的。这是最近的热卖商品。

08-11

1) 请到这边来结账。

A 让我想一想。
可不可以用美元？

2) 用现金或者信用卡都行。

B 这是我的护照和机票。

3) 这两个包分开包装吧。

C 谢谢你！

4) 这是发票。请拿好。

D 好的。

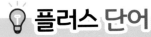

路易威登
Lùyìwēidēng
루이비통

香奈儿
Xiāngnàir
샤넬

古奇
Gǔqí
구찌

普拉达
Pǔlādá
프라다

迪奥
Dí'ào
디올

爱马仕
Àimǎshì
에르메스

阿玛尼
Āmǎní
아르마니

博柏利
Bóbǎilì
버버리

宝格丽
Bǎogélì
불가리

纪梵希
Jìfànxī
지방시

중국 문화 산책

허베이성(河北省) 청더(承德)의 피서산장(避暑山庄)

청나라 황제의 여름 별장인 피서산장은 1703년 강희제가 축조를 시작해 1792년 완공되었다. 피서산장이란 명칭은 강희제가 지은 것으로 이곳은 자금성의 8배 크기이다. 이 피서산장은 연암 박지원이 1780년 건륭제 칠순 축하 사절단의 일행으로 중국을 다녀온 뒤 쓴 열하일기(热河日记)에도 등장하는데 열하(热河)는 청더의 옛 이름이다. 피서산장은 베이징의 이화원, 쑤저우의 쭈어쩡위엔, 리우위엔(留园)과 함께 중국의 사대원림으로 꼽기도 한다.

✛ 피서산장의 옌위로우(烟雨楼)

✛ 청나라 강희제(康熙帝)가 직접 쓴 담박경성(澹泊敬诚) 편액

✛ 작은 포탈라궁(小布达拉宫)

✛ 푸닝스(普宁寺)

UNIT 09

在医院
zài yīyuàn

병원에서

학습 내용
1. 병원에서 진찰받기 你哪儿不舒服?
2. 증상 말하기 我头疼、咳嗽，还有点儿发烧。
3. 약 처방받기 这种药每天吃三次，每次吃四片。

핵심 문법
1. 동량보어
2. '一…就…' 구문
3. 형용사의 중첩과 구조조사 '地'

저장성(浙江省) 저우좡(周庄) 수향(水乡)마을

사진으로
배우는
중국어

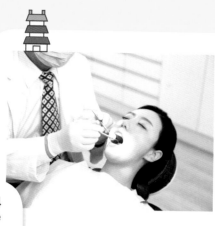

牙科
yákē
치과

耳鼻喉科
ěrbíhóukē
이비인후과

妇产科
fùchǎnkē
산부인과

整形外科
zhěngxíng wàikē
성형외과

骨科
gǔkē
정형외과

肉毒杆菌
ròudúgǎnjūn
보톡스

회화 1 💬

- 舒服 shūfu 〈형〉 편하다, 쾌적하다
- 突然 tūrán 〈부〉 갑자기
- 拉肚子 lā dùzi 〈동〉 배탈나다, 설사하다
- 疼 téng 〈동〉 아프다
- 厉害 lìhai 〈형〉 심하다, 대단하다
- 得 děi 〈조동〉 ~해야 한다
- 输液 shūyè 〈동〉 수액을 맞다, 링거를 맞다
- 开药 kāiyào 〈동〉 약을 처방하다
- 次 cì 〈양〉 번 [횟수를 나타내는 단위]
- 片 piàn 〈양〉 알 [얇고 납작한 것을 세는 단위]
- 明白 míngbai 〈동〉 알다, 이해하다

회화 2 💬

- 一⋯就⋯ yī ⋯ jiù ⋯
  ~하자마자 바로 ~하다, ~하면 바로 ~하다
- 头疼 tóuténg 〈동〉 두통이 있다, 머리가 아프다
- 咳嗽 késou 〈동〉 기침하다
- 发烧 fāshāo 〈동〉 열나다
- 嗓子 sǎngzi 〈명〉 목구멍
- 红 hóng 〈형〉 붉다
- 感冒 gǎnmào 〈명〉 감기 〈동〉 감기에 걸리다
- 量 liáng 〈동〉 재다
- 体温 tǐwēn 〈명〉 체온
- 度 dù 〈양〉 도 [온도를 나타내는 단위]
- 打针 dǎzhēn 〈동〉 주사를 맞다

1

你哪儿不舒服？

Nǐ nǎr bù shūfu?

어디가 불편하신가요?

2

疼得厉害。

Téng de lìhai.

심하게 아파요.

3

请给我开点儿药。

Qǐng gěi wǒ kāi diǎnr yào.

약을 좀 처방해 주세요.

4

我头疼、咳嗽，还有点儿发烧。

Wǒ tóuténg、késou, hái yǒudiǎnr fāshāo.

두통에 기침이 나고 열이 조금 나요.

5

今天早上我一起床就头疼。

Jīntiān zǎoshang wǒ yì qǐchuáng jiù tóuténg.

오늘 아침에 일어나자마자 머리가 아팠어요.

6

吃三天药，好好儿休息就会好的。

Chī sān tiān yào, hǎohāor xiūxi jiù huì hǎo de.

3일간 약을 먹고 푹 쉬면 나을 거예요.

09-03

医生　你哪儿不舒服?
　　　Nǐ nǎr bù shūfu?

李秀英　大夫，我突然拉肚子了。
　　　Dàifu, wǒ tūrán lā dùzi le.

医生　肚子疼得厉害吗?
　　　Dùzi téng de lìhai ma?

李秀英　疼得厉害。
　　　Téng de lìhai.

医生　你得输液。
　　　Nǐ děi shūyè.

李秀英　我不想输液，请给我开点儿药，行吗?
　　　Wǒ bù xiǎng shūyè, qǐng gěi wǒ kāi diǎnr yào, xíng ma?

医生　好吧。这种药每天吃三次，每次吃四片。
　　　Hǎo ba. Zhè zhǒng yào měitiān chī sān cì, měi cì chī sì piàn.

李秀英　明白了。
　　　Míngbai le.

참고

'(一)点儿'은 동사와 목적어 사이에 놓인다.

동사 + (一)点儿 + 목적어
开点儿药 kāi diǎnr yào 약을 좀 처방하다

PLUS 회화 표현

● 先挂号吧。 접수부터 하세요.
　Xiān guàhào ba.

학습 포인트

1 조동사 '得 děi'

조동사 '要'와 동의어인 '得'는 '~해야 한다'라는 의미로 동사 앞에 놓인다. '得'가 회화체에만 쓸 수 있고 문장체에는 쓸 수 없는 반면 '要'는 회화체와 문장체에서 모두 사용할 수 있다.

- 你得去医院看病。 당신은 병원에 가서 진찰 받아야 해요.
  Nǐ děi qù yīyuàn kànbìng.

- 今天我得早点儿回家。 오늘 나는 집에 좀 일찍 가봐야 해요.
  Jīntiān wǒ děi zǎo diǎnr huíjiā.

2 동량보어

동량사 '次'는 수량사와 결합하여 동사의 뒤에 붙어 동작이 발생한 횟수를 나타내는데 이를 동량보어라 한다. '趟'은 왕래한 횟수를 세는 데 쓰는 동량사로 어떤 장소를 '한 번 갔다왔다'라는 왕복의 뜻을 나타낸다. '一下儿'이 동량보어로 쓰이면 동작에 걸린 시간이 짧고 동작이 가벼움을 표현한다.

- 我看过一次京剧。 나는 경극을 한 번 본 적이 있어요.
  Wǒ kànguo yí cì jīngjù.

- 我去了一趟沈阳。 나는 선양에 한 번 다녀왔어요.
  Wǒ qù le yí tàng Shěnyáng.

- 我介绍一下儿，这是我同事。
  Wǒ jièshào yíxiàr, zhè shì wǒ tóngshì.
  제가 소개 좀 해 드릴게요. 이쪽은 제 직장 동료예요.

> **참고 단어**

看病 kànbìng 동 진찰받다 ｜ **趟** tàng 양 왕래한 횟수를 세는 동량사 ｜ **介绍** jièshào 동 소개하다 ｜ **同事** tóngshì 명 동료

회화 2 병원에서 진찰 받기2

09-04

医生　**你怎么了？**
Nǐ zěnme le?

朴大韩　**今天早上我一起床就头疼、咳嗽，还有点儿发烧。**
Jīntiān zǎoshang wǒ yì qǐchuáng jiù tóuténg、késou, hái yǒudiǎnr fāshāo.

医生　**我看看。嗓子有点儿红。**
Wǒ kànkan. Sǎngzi yǒudiǎnr hóng.

朴大韩　**是感冒了吧？**
Shì gǎnmào le ba?

医生　**量一下体温吧。三十七度八。**
Liáng yíxià tǐwēn ba. Sānshíqī dù bā.

朴大韩　**要打针吗？**
Yào dǎzhēn ma?

医生　**不用。吃三天药，好好儿休息就会好的。**
Búyòng. Chī sān tiān yào, hǎohāor xiūxi jiù huì hǎo de.

> **참 고**
>
> '你怎么了？'는 '왜 그래?', '무슨 일이야?'라는 뜻으로 보통 몸이 아프거나, 기분이 좋지 않은 상황이 발생했을 때, 상대방에게 이유를 묻는 표현이다.

PLUS 회화 표현

● **新型冠状病毒** 신종코로나바이러스19
Xīnxíng guànzhuàng bìngdú

1 '一…就…' 구문

'一…就…'는 '~하자마자, 바로 ~하다'라는 뜻으로 두 사건이나 행위가 연이어 발생했음을 나타낸다. 또한, 앞 절이 조건을 나타내고 뒷 절이 결과를 나타낼 때 쓰이기도 한다.

- 他一下课，就去食堂吃饭。　그는 수업이 끝나자마자 식당으로 밥을 먹으러 간다.
  Tā yí xiàkè, jiù qù shítáng chīfàn.

- 我一喝酒，脸就红了。　나는 술을 마시기만 하면 얼굴이 빨개진다.
  Wǒ yì hē jiǔ, liǎn jiù hóng le.

2 형용사의 중첩과 구조조사 '地'

형용사의 중첩은 정도가 심화됨을 강조하는 것이다. 단음절 형용사를 중첩시키면 두 번째 음절의 성조는 제1성으로 바뀌며 '儿'가 되고, 쌍음절 형용사를 중첩시키면 'AABB'로 표현할 수 있다. 단음절 형용사는 중첩시킨 뒤 부사어로 쓸 때에 구조조사 '地'를 사용해도 되고 생략해도 되지만, 쌍음절 형용사를 중첩시켜 부사어로 쓸 때에는 '地'를 반드시 사용해야 한다.

- 好好儿(地)睡一觉。　한숨 푹 주무세요.
  Hǎohāor (de) shuì yí jiào.

- 慢慢儿(地)走吧。　천천히 갑시다.
  Mànmānr (de) zǒu ba.

- 小张高高兴兴地回家了。　샤오장은 기뻐하며 집으로 돌아갔다.
  Xiǎo Zhāng gāogāoxìngxìng de huí jiā le.

3 조동사 '会'

여기서 '会'는 '~일 것이다', '~일지도 모른다'라는 뜻으로 미래 가능성을 나타낸다. '会'와 '的'가 함께 쓰이기도 한다.

- 今天会下雨。　오늘은 비가 올 거야.
  Jīntiān huì xiàyǔ.

- 这件事他不会知道的。　이 일을 그가 알 리가 없어요. (모를 것이다)
  Zhè jiàn shì tā bú huì zhīdào de.

듣기
听一听

1 녹음 내용을 듣고 질문에 적합한 것에 V를 표시하세요.

1) 医生说吃几天药就会好的。 ☐

2) 医生说休息几天就会好的。 ☐

3) 医生说打几针就会好的。 ☐

2 녹음을 듣고, 그림과 일치하면 O표, 틀리면 X표를 하세요.

1) 　　2) 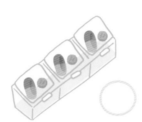　　3)

3 녹음을 듣고, 내용과 일치하는 사진을 골라 번호를 쓰세요.

1) ☐　　2) ☐　　3) ☐

❶ 　　❷ 　　❸

말하기 🎤
说—说

1 밑줄 친 부분을 바꾸어 대화해 보세요. 〔09-08〕

> A: 你得<u>输液</u>。 Nǐ děi shūyè.
> B: 我不想<u>输液</u>。 Wǒ bù xiǎng shūyè.

1)

喝开水
hē kāishuǐ
끓인 물을 마시다

2)

贴创可贴
tiē chuàngkětiē
일회용 밴드를 붙이다

3)

打石膏
dǎ shígāo
깁스를 하다

2 밑줄 친 부분을 바꾸어 문장을 완성해 보세요. 〔09-09〕

> 我一<u>起床</u>就<u>头疼</u>。 Wǒ yì qǐchuáng jiù tóuténg.

1)

看 / 知道
kàn / zhīdào
보다 / 알았다

2)

听 / 懂了
tīng / dǒng le
듣다 / 이해했다

3)

放假 / 旅行
fàngjià / lǚxíng
방학하다 / 여행 가다

3 두 사람이 각각 의사와 환자가 되어 병원에서 진찰을 받는 내용의 대화를 완성하세요.

医生	你哪儿不舒服？
病人	我头疼、咳嗽，还有点儿发烧。
医生	你吃药了吗？

⋮

쓰기 ✏️
写一写

1 보기에서 알맞은 단어를 골라 문장을 완성하세요.

보기	输液 shūyè	开 kāi	舒服 shūfu	咳嗽 késou	厉害 lìhai

1) 你哪儿不＿＿＿＿＿＿？ 어디가 아프세요?

2) 我疼得＿＿＿＿＿＿。 저는 심하게 아파요.

3) 我不想＿＿＿＿＿＿。请给我＿＿＿＿＿＿点儿药。
   저는 링거를 맞고 싶지 않아요. 약을 처방해 주세요.

4) 我头疼、＿＿＿＿＿＿，还有点儿发烧。 저는 머리가 아프고 기침도 하고 또 열이 좀 있어요.

2 다음 단어를 알맞은 순서로 배열하세요.

1) 약을 처방해 주세요.

一点儿 yìdiǎnr	/	我 wǒ	/	给 gěi	/	药 yào	/	开 kāi	/	请 qǐng

➡ ＿＿＿＿＿＿＿＿＿＿＿＿＿＿＿＿＿＿＿＿＿＿＿＿＿＿＿

2) 오늘 아침 나는 일어나자마자 머리가 아팠어요.

就 jiù	/	起床 qǐchuáng	/	我 wǒ	/	头疼 tóuténg	/	一 yī	/	今天早上 jīntiān zǎoshang

➡ ＿＿＿＿＿＿＿＿＿＿＿＿＿＿＿＿＿＿＿＿＿＿＿＿＿＿＿

3) 3일 동안 약을 먹으면 바로 나을 거예요.

就 jiù	/	的 de	/	三天 sān tiān	/	好 hǎo	/	吃 chī	/	药 yào	/	会 huì

➡ ＿＿＿＿＿＿＿＿＿＿＿＿＿＿＿＿＿＿＿＿＿＿＿＿＿＿＿

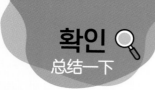

확인

总结一下

🌸 알맞은 말이 되도록 문장을 연결한 후 대화해 보세요.

09-10

1) 你哪儿不舒服？   A 明白了。

2) 疼得怎么样？   B 我不想输液，请给我开点儿药，行吗？

3) 你得输液。   C 疼得厉害。

4) 这种药每天吃三次，每次吃四片。   D 我突然拉肚子了。

09-11

1) 你怎么了？   A 不用。吃三天药，好好儿休息就会好的。

2) 几天了？   B 我头疼、咳嗽，还有点儿发烧。

3) 我看看。嗓子有点儿红。   C 今天早上我一起床就头疼。

4) 要打针吗？   D 感冒了吧？

受伤了。
Shòushāng le.
다쳤어요.

我的脚扭伤了。
Wǒ de jiǎo niǔshāng le.
발을 접질렸어요.

我的腿发炎了。
Wǒ de tuǐ fāyán le.
다리에 염증이 났어요.

我的手指甲流血了。
Wǒ de shǒuzhǐjia
liúxuè le.
손톱에 피가 나요.

流鼻涕。
Liú bítì.
콧물이 흘러요.

出汗了。
Chūhàn le.
땀이 나요.

打喷嚏。
Dǎ pēntì.
재채기를 해요.

全身酸痛。
Quánshēn suāntòng.
온몸이 쑤셔요.
(몸살 났어요.)

头晕了。
Tóuyūn le.
현기증이 나요.

呕吐了。
Ǒutù le.
구토했어요.

중국 문화 산책

동양의 베니스, 수향(水乡)마을

　　주자쟈오(朱家角)는 상하이 칭푸구 내에 자리잡고 있는 물의 도시로 전형적인 강남 수향이다. 송대에 시장이 형성되어 명대의 만력 연간(1573년~1620년)에 진(镇)이 되었다. 우전(乌镇)은 중국 저장성 퉁샹시의 수향으로 항저우와 쑤저우, 상하이를 삼각형으로 묶으면 그 중간에 위치하고 있다. 시탕(西塘)은 저장성 지아씽(嘉兴)에 위치해 있고 춘추전국시대부터 사람이 거주했다는 기록이 있을 만큼 오랜 역사를 간직한다. 영화 '미션임파서블3'의 촬영지로 유명해졌다. 샤오싱(绍兴)은 월나라의 도읍으로 월왕 구천(勾践)이 오왕 부차(夫差)에게 패한 후 와신상담(卧薪尝胆)하며 복수를 맹세했던 고사의 무대이다. 샤오싱주(绍兴酒)의 원산지로 유명하며, 당대(唐代)의 서예가 왕희지(王羲之), 루쉰(鲁迅), 저우언라이(周恩來) 등이 모두 샤오싱 출신이다.

＋ 상하이 주쟈쟈오(朱家角)

＋ 저장성 우전(乌镇)

＋ 저장성 시탕(西塘)

＋ 저장성 샤오싱(绍兴)

UNIT 10

在机场
zài jīchǎng

공항에서

학습 내용

1. 탑승 수속 밟기   这儿办登机手续吗?
2. "창가 자리로 해주세요."   我们想坐靠窗座位。
3. 분실물 묘사하기   是黑色长方形的。牌子是古奇(GUCCI)。

핵심 문법

1. 결과보어 '在'
2. 가능보어 '동사 + 得/不 + 了'
3. '是…的' 강조 구문

중국의 지중해 푸젠성 샤먼(厦门): tvN 신서유기 촬영지로 유명세를 탐

사진으로
배우는
중국어

登机牌
dēngjīpái
탑승권

行李
xíngli
짐, 트렁크

登机口
dēngjīkǒu
게이트

安检门
ānjiǎnmén
보안검색대

空中小姐
kōngzhōng xiǎojiě
스튜어디스

회화 1

- 办 bàn 동 하다, 처리하다, (수속을) 밟다
- 登机手续 dēngjī shǒuxù 명 탑승 수속
- 出示 chūshì 동 제시하다
- 靠 kào 동 기대다, 의지하다
- 窗 chuāng 명 창문
- 座位 zuòwèi 명 자리, 좌석
- 行李 xíngli 명 짐, 트렁크
- 托运 tuōyùn 동 탁송하다, 짐을 부치다
- 重 zhòng 형 무겁다
- …不了 …buliǎo ~할 수 없다

회화 2

- 丢 diū 동 잃어버리다
- 着急 zháojí 형 조급하다, 조급해 하다
- 可能 kěnéng 부 아마도, 어쩌면
- 登机口 dēngjīkǒu 명 탑승구
- 样子 yàngzi 명 모습, 모양
- 长方形 chángfāngxíng 명 직사각형
- 牌子 páizi 명 브랜드, 상표
- 钱包 qiánbāo 명 지갑
- 放心 fàngxīn 형 안심하다
- 尽量 jǐnliàng 부 가능한, 최대한
- 帮助 bāngzhù 동 돕다

고유 명사

- 古奇 Gǔqí 구찌(GUCCI) [명품 브랜드 명]

1 这儿办登机手续吗?

Zhèr bàn dēngjī shǒuxù ma?

여기서 탑승 수속을 합니까?

2 我们想坐靠窗座位。

Wǒmen xiǎng zuò kào chuāng zuòwèi.

우리는 창가 자리에 앉고 싶어요.

3 这个行李很重，我一个人拿不了。

Zhè ge xíngli hěn zhòng, wǒ yí ge rén nábuliǎo.

이 짐은 무거워서 저 혼자서는 들 수 없어요.

4 别着急，是在哪儿丢的?

Bié zháojí, shì zài nǎr diū de?

조급해 하지 마세요. 어디서 잃어버리셨나요?

5 是黑色长方形的。牌子是古奇。

Shì hēisè chángfāngxíng de. Páizi shì Gǔqí.

검은색 직사각형으로 브랜드는 구찌예요.

6 放心吧。我们会尽量帮助你的。

Fàngxīn ba. Wǒmen huì jǐnliàng bāngzhù nǐ de.

안심하세요. 우리가 가능한 한 도와드릴게요.

회화 1 탑승 수속 밟기

李秀英　　这儿办登机手续吗?
　　　　　Zhèr bàn dēngjī shǒuxù ma?

工作人员　对。请出示一下儿您的护照和机票。
　　　　　Duì. Qǐng chūshì yíxiàr nín de hùzhào hé jīpiào.

李秀英　　好。我们想坐靠窗座位。
　　　　　Hǎo. Wǒmen xiǎng zuò kào chuāng zuòwèi.

工作人员　行。这两个行李都要托运吗?
　　　　　Xíng. Zhè liǎng ge xíngli dōu yào tuōyùn ma?

李秀英　　是的，都要托运。
　　　　　Shì de, dōu yào tuōyùn.

工作人员　行李放在这儿吧。
　　　　　Xíngli fàngzài zhèr ba.

李秀英　　这个行李很重。我一个人拿不了。
　　　　　Zhè ge xíngli hěn zhòng. Wǒ yí ge rén nábuliǎo.

工作人员　我帮你拿一下儿。
　　　　　Wǒ bāng nǐ ná yíxiàr.

PLUS 회화 표현

● **请跟我来。** 저를 따라 오세요.
　 Qǐng gēn wǒ lái.

1 결과보어 '在'

동사 뒤에 놓이는 '在'는 일반적으로 결과보어로 사용된다.

- 咖啡放在这儿吧。 커피를 여기에 놓으세요.
  Kāfēi fàngzài zhèr ba.

- 我住在首尔。 저는 서울에서 살아요.
  Wǒ zhùzài Shǒu'ěr.

- 你的名字写在本子上吧。 당신의 이름을 노트에 적으세요.
  Nǐ de míngzi xiězài běnzi shang ba.

2 가능보어 '동사 + 得/不 + 了'

7과에서 설명한 가능보어 중 자주 등장하는 형태이다. '了 liǎo'가 보어로 쓰여 어떤 행위의 가능 혹은 불가능을 나타낸다.

긍정문: 동사 + 得 + 了

- 这个东西很轻，我一个人拿得了。 이 물건은 가벼워서 저 혼자 들 수 있어요.
  Zhè ge dōngxi hěn qīng, wǒ yí ge rén nádeliǎo.

- 明天你来得了我家吗？ 내일 우리 집에 올 수 있어요?
  Míngtiān nǐ láideliǎo wǒ jiā ma?

부정문: 동사 + 不 + 了

- 公司有急事儿，我去不了晚会。 회사에 급한 일이 생겨서 저녁 파티에 못 가요.
  Gōngsī yǒu jíshìr, wǒ qùbuliǎo wǎnhuì.

- 这么厚的书，我一天看不了。 이렇게 두꺼운 책을 나는 하루에 다 볼 수 없어요.
  Zhème hòu de shū, wǒ yì tiān kànbuliǎo.

참고 단어

本子 běnzi 명 공책 | 轻 qīng 형 가볍다 | 晚会 wǎnhuì 명 저녁 파티 | 厚 hòu 형 두껍다

회화 2 💬 분실물 묘사하기

朴大韩　怎么办！我的皮包丢了。请你帮个忙吧。
　　　　Zěnmebàn! Wǒ de píbāo diū le. Qǐng nǐ bāng ge máng ba.

工作人员　别着急。是在哪儿丢的？
　　　　Bié zháojí. Shì zài nǎr diū de?

朴大韩　可能是在六号登机口丢的。
　　　　Kěnéng shì zài liù hào dēngjīkǒu diū de.

工作人员　是什么样子的？
　　　　Shì shénme yàngzi de?

朴大韩　是黑色长方形的。牌子是古奇。
　　　　Shì hēisè chángfāngxíng de. Páizi shì Gǔqí.

工作人员　里面有些什么东西？
　　　　Lǐmian yǒu xiē shénme dōngxi?

朴大韩　有护照、钱包，还有几张信用卡。
　　　　Yǒu hùzhào、qiánbāo, hái yǒu jǐ zhāng xìnyòngkǎ.

工作人员　放心吧。
　　　　Fàngxīn ba.

　　　　我们会尽量帮助你的。
　　　　Wǒmen huì jǐnliàng bāngzhù nǐ de.

PLUS 회화 표현

● **八号行李提取处在那边。** 8번 수하물 수취대는 저쪽에 있습니다.
　Bā hào xíngli tíqǔchù zài nàbiān.

학습 포인트

❶ '是…的' 강조 구문

'是…的' 구문은 과거에 발생한 동작의 시간, 장소, 방식, 주체 등을 강조할 때 쓰인다. '是'는 강조할 부분의 앞에 놓이며 생략할 수 있다.

시간

- A: 你(是)什么时候去长城的？ 당신 언제 만리장성에 갔었던 거예요?
  Nǐ (shì) shénme shíhou qù Chángchéng de?
- B: 我(是)去年去的。 작년에 갔었어요.
  Wǒ (shì) qùnián qù de.

방식

- A: 你(是)怎么去的？ 당신 뭐 타고 갔었어요?
  Nǐ (shì) zěnme qù de?
- B: 我(是)坐飞机去的。 비행기 타고 갔었어요.
  Wǒ (shì) zuò fēijī qù de.

장소

- A: 你(是)从哪儿来的？ 당신은 어디서 오셨나요?
  Nǐ (shì) cóng nǎr lái de?
- B: 我(是)从韩国首尔来的。 저는 한국의 서울에서 왔어요.
  Wǒ (shì) cóng Hánguó Shǒu'ěr lái de.

주체

- A: 这件事(是)谁告诉你的？ 이 일을 누가 알려준 거예요?
  Zhè jiàn shì (shì) shéi gàosu nǐ de?
- B: (是)王明告诉我的。 왕밍이 제게 알려준 거예요.
  (Shì) Wángmíng gàosu wǒ de.

❷ 양사 '些'

양사 '些'는 '약간, 조금'이란 뜻으로 불확실한 수량을 나타내며 주로 '这', '那', '一'와 함께 명사를 수식한다. 또한, 동사나 형용사 뒤에 쓰여 미량을 표시하기도 한다.

- 这个人 zhè ge rén 이 한 사람 　　－　　这些人 zhè xiē rén 이 사람들
- 那个人 nà ge rén 저/그 한 사람 　　－　　那些人 nà xiē rén 저/그 사람들
- 一个人 yí ge rén 한 사람 　　－　　一些人 yì xiē rén 몇몇 사람

듣기
听一听

1 녹음 내용을 듣고 질문에 적합한 것에 V를 표시하세요. 10-05

1) 手机、护照、信用卡、机票、两百元　☐

2) 手机、钱包、护照、信用卡、三百元　☐

3) 手机、钱包、护照、信用卡、两百元　☐

2 녹음을 듣고, 그림과 일치하면 O표, 틀리면 X표를 하세요. 10-06

1)

2)

3)

3 녹음을 듣고, 내용과 일치하는 사진을 골라 번호를 쓰세요. 10-07

1) ☐　　　　2) ☐　　　　3) ☐

1 밑줄 친 부분을 바꾸어 문장을 완성해 보세요.(단, 단어에 따라 양사도 바꾸어 보세요.) 🔖 10-08

这个<u>行李</u>很<u>重</u>。我<u>拿不了</u>。 Zhè ge <u>xíngli</u> hěn <u>zhòng</u>. Wǒ <u>nábuliǎo</u>.

1)

菜 / 多 / 吃
cài / duō / chī
음식 / 많다 / 먹다

2)

东西 / 多 / 搬
dōngxi / duō / bān
물건 / 많다 / 옮기다

3)

书 / 厚 / 看
shū / hòu / kàn
책 / 두껍다 / 읽다

2 밑줄 친 부분을 바꾸어 대화를 완성해 보세요. 🔖 10-09

A: (你是)<u>在哪儿</u>丢的? (Nǐ shì) <u>zài nǎr</u> diū de?
B: (是)<u>在六号登机口</u>丢的。 (Shì) <u>zài liù hào dēngjīkǒu</u> diū de.

1)

全聚德 / 吃
Quánjùdé / chī
취엔쥐더 / 먹다

2)

香港 / 买
Xiānggǎng / mǎi
홍콩 / 사다

3)

人民剧场 / 看
Rénmín jùchǎng / kàn
인민극장 / 보다

3 중국 여행을 할 때 반드시 지녀야 할 물품을 말해 보세요.

- 护照　　　· 钱　　　　· 手机　　　· 行李
- 机票　　　· 信用卡　　· 雨伞　　　· 太阳镜
　　　　　　　　　⋮

쓰기 ✏️
写一写

1 보기에서 알맞은 단어를 골라 문장을 완성하세요.

보기				
牌子	做	办	出示	靠
páizi	zuò	bàn	chūshì	kào

1) 这儿 _____ 登机手续吗？ 여기서 탑승 수속을 합니까?

2) 请 _____ 一下您的护照和机票。 여권과 티켓을 좀 보여 주세요.

3) 我想坐 _____ 窗座位。 창가 자리에 앉고 싶어요.

4) 是黑色长方形的。 _____ 是古奇。 검은색 직사각형으로 브랜드는 구찌예요.

2 다음 단어를 알맞은 순서로 배열하세요.

1) 이 짐은 무거워서 나 혼자서는 들 수가 없어요.

了	/	很重	/	我一个人	/	拿	/	这个行李	/	不
liǎo		hěn zhòng		wǒ yí ge rén		ná		zhè ge xíngli		bù

➡ _____

2) 아마도 6번 게이트에서 잃어버린 것 같아요.

在	/	丢	/	可能	/	六号登机口	/	的	/	是
zài		diū		kěnéng		liù hào dēngjīkǒu		de		shì

➡ _____

3) 우리는 가능한 한 당신을 도울 것입니다.

你	/	帮助	/	的	/	尽量	/	我们	/	会
nǐ		bāngzhù		de		jǐnliàng		wǒmen		huì

➡ _____

확인

总结一下

🌸 알맞은 말이 되도록 문장을 연결한 후 대화해 보세요.

10-10

1) 你好！这儿办登机手续吗？

A 我帮你拿一下儿。

2) 我们想坐靠窗座位。

B 对。请出示一下儿您的
护照和机票。

3) 这两个行李都要托运吗？

C 行。

4) 这个行李很重。
我一个人拿不了。

D 托运。

10-11

1) 怎么办！我的皮包丢了。
请你帮个忙吧。

A 可能是在六号登机口丢的。

2) 是在哪儿丢的？

B 有护照、钱包，
还有几张信用卡。

3) 是什么样子的？

C 别着急。放心吧。
我们会尽量帮助你的。

4) 里面有些什么东西？

D 是黑色长方形的。
牌子是古奇。

入境卡
rùjìngkǎ
입국카드

海关申报单
hǎiguān shēnbàodān
세관신고서

候机楼
hòujīlóu
여객터미널

行李提取处
xíngli tíqǔchù
수하물 수취대

失物招领处
shīwù zhāolǐngchù
유실물 센터

信息显示屏
xìnxī xiǎnshìpíng
인포메이션 스크린

중국 문화 산책

푸젠성(福建省) 샤먼(厦门)

　　샤먼은 주룽강(九龙江)의 하구에 위치하여 일찍이 '下门'으로 쓰였고 이것은 '낮은 문'을 의미한다. '下门'은 푸젠화(민난어의 일종)로 'Ē-múi'로 발음되는데 이것이 바로 '아모이'라는 이름의 근원이다. 이후 샤먼은 'Amoy'란 이름으로 국제적으로 널리 알려졌다. 훗날 정부 당국은 '下门'이라는 이름이 세련되지 못하다고 하여 도시의 이름을 '厦门'으로 바꿨다. 1841년 아편전쟁에서 영국군에 점령되어, 1842년 난징조약에 의해 외국에 개항하고, 1860년부터는 우롱차(乌龙茶)의 적출항이 되었다. 20세기가 되면서 동남아로부터 화교의 투자가 시작되었는데 개혁개방정책에 의해 1981년에 경제특구가 설치되고, 주로 타이완 연안의 자본을 모아 경제발전을 이루게 되었다.

✚ 샤먼(厦门) 구랑위(鼓浪屿)

✚ 푸젠성 융딩(永定) 난징(南靖)의 원형 아파트 토루(土楼)

UNIT 11

在机内
zài jīnèi

기내에서

학습 내용
1. 기내에서 탑승권 제시하기 这是我的登机牌。
2. "좀 비켜주세요." 请让一下。
3. 기내 서비스 요청하기 能不能给我一个耳机和一条毛毯?

핵심 문법
1. '把'자문
2. 반어문 '不是…吗'
3. 부사 '还', '又', '再'

중국 최고의 명산, 황산(黄山)

사진으로
배우는
중국어

头等舱
tóuděngcāng
퍼스트클라스

商务舱
shāngwùcāng
비즈니스석

经济舱
jīngjìcāng
이코너미석

靠窗座位
kàochuāng zuòwèi
창가 좌석

走道座位
zǒudào zuòwèi
복도 좌석

회화 1 💬

- 登机牌 dēngjīpái 명 탑승권
- 对 duì 전 ~에게
- 空姐 kōngjiě 명 스튜어디스
- 把 bǎ 전 ~을(를)
- 行李架 xínglijià 명 선반, 짐받이

회화 2 💬

- 番茄汁儿 fānqié zhīr 명 토마토주스
- 鸡肉 jīròu 명 닭고기
- 牛排 niúpái 명 비프 스테이크
- 抱歉 bàoqiàn 동 죄송하다
- 麻烦 máfan 동 폐를 끼치다, 귀찮게 하다
- 还有 háiyǒu 접 그리고
- 耳机 ěrjī 명 이어폰
- 毛毯 máotǎn 명 담요

1 请给我看一下您的登机牌。

Qǐng gěi wǒ kàn yíxià nín de dēngjīpái.

탑승권을 보여 주시겠어요?

2 请让一下。

Qǐng ràng yíxià.

좀 비켜 주세요.

3 请把行李放在行李架上吧。

Qǐng bǎ xíngli fàngzài xínglijià shang ba.

짐을 선반 위에 올려 주세요.

4 我们有鸡肉和牛排，您要哪种？

Wǒmen yǒu jīròu hé niúpái, nín yào nǎ zhǒng?

닭고기와 비프 스테이크가 있는데, 어떤 종류를 원하세요?

5 麻烦你，能不能给我一个耳机和一条毛毯？

Máfan nǐ, néng bu néng gěi wǒ yí ge ěrjī hé yì tiáo máotǎn?

수고스럽겠지만 이어폰 하나와 담요 한 장을 주시겠어요?

6 请稍等。马上给您。

Qǐng shāo děng. Mǎshàng gěi nín.

잠시만요. 바로 드릴게요.

회화 1

기내에서 자리 찾기

11-03

空姐　请给我看一下您的登机牌。
　　　Qǐng gěi wǒ kàn yíxià nín de dēngjīpái.

李秀英　好，这是我的登机牌。
　　　Hǎo, zhè shì wǒ de dēngjīpái.

空姐　请让一下。这是您的座位。
　　　Qǐng ràng yíxià. Zhè shì nín de zuòwèi.

李秀英　(对乘客说) 我们是一起的，可以换一下座位吗？
　　　(duì chéngkè shuō) Wǒmen shì yìqǐ de, kěyǐ huàn yíxià zuòwèi ma?

乘客　没问题。
　　　Méi wèntí.

宋丽丽　谢谢！(对空姐说) 把行李放在哪儿？
　　　Xièxie! (duì kōngjiě shuō) Bǎ xíngli fàngzài nǎr?

空姐　请把行李放在行李架上吧。
　　　Qǐng bǎ xíngli fàngzài xínglijià shang ba.

PLUS 회화 표현

• **请系好安全带。** 안전벨트를 매세요.
　Qǐng jìhǎo ānquándài.

학습 포인트

1 '把'자문(1)

'把'자문은 동작이 어떤 사물을 처리하고 이동시키고 변화시키는 것을 강조하기 위해 사용된다. 조사 '把'와 그 목적어는 주어의 뒤, 동사의 앞에 놓인다. '把'자문의 특징을 보면, '把'의 목적어는 화자의 관점에서 명확한 것이어야 하고, 사용된 주요동사는 타동사여야 하며 동사 뒤에는 다른 성분이 있어야 한다.

① '把'의 목적어는 화자의 관점에서 명확해야 한다.

- 我把这杯咖啡喝完了。 나는 이 커피를 다 마셨다.
  Wǒ bǎ zhè bēi kāfēi hēwán le.

  *我把一杯咖啡喝完了。(✕)
  Wǒ bǎ yì bēi kāfēi hēwán le.

② '把'자문에 사용되는 주요 동사는 타동사다.

- 我把北京的情况介绍介绍。 내가 베이징의 상황을 한번 소개할게요.
  Wǒ bǎ Běijīng de qíngkuàng jièshào jièshào.

  *我把北京的情况知道。(✕)
  Wǒ bǎ Běijīng de qíngkuàng zhīdào.

③ '把'자문에서는 동사 뒤에 다른 성분이 있어야 한다.

- 请把盐递给我。 Qǐng bǎ yán dìgěi wǒ. 소금을 저에게 건네주세요.
  *请把盐递。 Qǐng bǎ yán dì. (✕)

2 '把'자문(2)

목적어가 동작을 통해 어떤 장소에 놓이게 됨을 나타낼 때에도 '把'자문을 사용한다.

- 我把咖啡放在桌子上了。 나는 커피를 책상 위에 올려놓았다.
  Wǒ bǎ kāfēi fàngzài zhuōzi shang le.

- 他把联系方式写在本子上了。 그는 연락처를 노트에 적었다.
  Tā bǎ liánxì fāngshì xiězài běnzi shang le.

- 我把啤酒放进冰箱里去了。 나는 맥주를 냉장고 안에 넣었다.
  Wǒ bǎ píjiǔ fàngjìn bīngxiāng li qù le.

◦ 참고 단어

情况 qíngkuàng 명 상황 | 盐 yán 명 소금 | 递 dì 동 넘겨주다, 건네다 | 联系 liánxì 명 연락 동 연락하다 |
方式 fāngshì 명 방식, 방법

회화 2 💬

회화 표현 기내 서비스

空姐 **您想喝点儿什么？**
Nín xiǎng hē diǎnr shénme?

朴大韩 **请给我一杯番茄汁儿。**
Qǐng gěi wǒ yì bēi fānqié zhīr.

空姐 **好的。我们有鸡肉和牛排，您要哪种？**
Hǎo de. Wǒmen yǒu jīròu hé niúpái, nín yào nǎ zhǒng?

朴大韩 **不是还有别的吗？**
Bú shì hái yǒu biéde ma?

空姐 **很抱歉。我们只有这两种。**
Hěn bàoqiàn. Wǒmen zhǐ yǒu zhè liǎng zhǒng.

马克 **麻烦你，再来一杯咖啡。**
Máfan nǐ, zài lái yì bēi kāfēi.

还有，能不能给我一个耳机和一条毛毯？
Háiyǒu, néng bu néng gěi wǒ yí ge ěrjī hé yì tiáo máotǎn?

空姐 **请稍等。马上给您。**
Qǐng shāo děng. Mǎshàng gěi nín.

PLUS 회화 표현

● **请问，有晕机药吗？** 실례지만, 멀미약이 있나요?
Qǐngwèn, yǒu yùnjīyào ma?

❶ 반어문 '不是…吗'

반어문 '不是…吗'는 '~가 아닌가요?'라는 뜻으로 어떤 상황에 대해 긍정하면서 또한 강조하고자
할 때 사용된다.

- 这**不是**你的手机**吗**？ 이거 당신 휴대전화 아닌가요? (당신의 휴대전화이다)
  Zhè bú shì nǐ de shǒujī ma?

- 你**不是**说要去中国**吗**？ 중국에 간다고 하지 않았나요? (당신은 중국에 간다고 했다)
  Nǐ bú shì shuō yào qù Zhōngguó ma?

- 这个菜**不是**很好吃**吗**？ 이 음식이 맛있지 않나요? (이 음식은 맛있다)
  Zhè ge cài bú shì hěn hǎochī ma?

❷ 부사 '还', '又', '再'

'还', '又', '再'는 모두 부사로 쓰여 동사 앞에 놓이는데, 그 차이점을 살펴보면, '还'는 이미 충분
한데도 그 상황을 한 번 더 반복할 때 쓰이며 '又'는 과거의 똑같은 상황이 반복될 때 쓰이고, '再'
는 미래 행위에 대한 반복을 나타낼 때 사용된다.

- 我**还**有一支笔。 나는 펜 한 자루가 더 있어요.
  Wǒ hái yǒu yì zhī bǐ.

- 你**又**来了。 당신 또 오셨군요.
  Nǐ yòu lái le.

- 今天我很忙，明天**再**来吧。 오늘 제가 바쁘니, 내일 다시 오세요.
  Jīntiān wǒ hěn máng, míngtiān zài lái ba.

참고 단어

支 zhī 양 자루 [필기구 등 가늘고 긴 물건을 세는 단위] | **笔** bǐ 명 펜

듣기 🎧
听一听

1 녹음 내용을 듣고 질문에 적합한 것에 V를 표시하세요.

1) 乘客需要一杯番茄汁儿和一个耳机。 ☐

2) 乘客需要一杯橙汁儿和一个耳机。 ☐

3) 乘客需要一杯橙汁儿和一条毛毯。 ☐

2 녹음을 듣고, 사진과 일치하면 O표, 틀리면 X표를 하세요.

1)

2)

3)

3 녹음을 듣고, 내용과 일치하는 그림을 골라 번호를 쓰세요.

1)

2)

3)

말하기 🎤
说一说

1 밑줄 친 부분을 바꾸어 대화해 보세요. 🔊 11-08

> A: 请给我看一下您的登机牌。 Qǐng gěi wǒ kàn yíxià nín de dēngjīpái.
> B: 好，这是我的登机牌。 Hǎo, zhè shì wǒ de dēngjīpái.

1)

签证
qiānzhèng
비자

2)

居留证
jūliúzhèng
거류증

3)

证件
zhèngjiàn
증명서

2 밑줄 친 부분을 바꾸어 대화를 완성해 보세요. 🔊 11-09

> A: 把行李放在哪儿? Bǎ xíngli fàngzài nǎr?
> B: 请把行李放在行李架上吧。 Qǐng bǎ xíngli fàngzài xínglijià shang ba.

1)

咖啡 / 放在 /
桌子上
kāfēi / fàngzài /
zhuōzi shang
커피 / ~에 놓다 / 책상 위

2)

衣服 / 挂在 /
衣柜里
yīfu / guàzài /
yīguì li
옷 / ~에 걸다 / 옷장 안

3)

啤酒 / 放进 /
冰箱里
píjiǔ / fàngjìn /
bīngxiāng li
맥주 / ~에 넣다 / 냉장고 안

3 기내에서 필요한 서비스를 요구해 보세요.

> 乘客　能不能给我一个耳机和一条毛毯。还有我想买免税品。
> 空姐　请稍等。马上给您。
>
> ⋮

쓰기
写一写

1 보기에서 알맞은 단어를 골라 문장을 완성하세요.

> **보기**
> 座位　　抱歉　　别的　　让　　把　　不是
> zuòwèi　bàoqiàn　biéde　ràng　bǎ　bú shì

1) 请＿＿＿＿＿一下。这是您的＿＿＿＿＿＿＿。 길 좀 비켜 주세요. 여기가 당신의 자리입니다.

2) ＿＿＿＿＿还有＿＿＿＿＿吗？ 또 다른 것 있지 않나요?

3) ＿＿＿＿＿行李放在哪儿？ 짐을 어디에 놓을까요?

4) 很＿＿＿＿＿。我们只有这两种。 죄송하지만 이 두 종류뿐입니다.

2 다음 단어를 알맞은 순서로 배열하세요.

1) 제게 탑승권을 보여 주세요.

| 我 | / | 登机牌 | / | 给 | / | 您的 | / | 看一下 | / | 请 |
| wǒ | | dēngjīpái | | gěi | | nín de | | kàn yíxià | | qǐng |

➡ ＿＿＿＿＿＿＿＿＿＿＿＿＿＿＿＿＿＿＿＿＿＿＿＿

2) 짐을 선반 위에 올려 놓으세요.

| 放在 | / | 行李架 | / | 吧 | / | 行李 | / | 把 | / | 上 | / | 请 |
| fàngzài | | xínglijià | | ba | | xíngli | | bǎ | | shang | | qǐng |

➡ ＿＿＿＿＿＿＿＿＿＿＿＿＿＿＿＿＿＿＿＿＿＿＿＿

3) 수고스럽겠지만, 제게 이어폰 하나와 담요 한 장 좀 주시겠어요?

| 一条毛毯 | / | 你 | / | 和 | / | 给我 | / | 麻烦 | / | 能不能 | / | 一个耳机 |
| yì tiáo máotǎn | | nǐ | | hé | | gěi wǒ | | máfan | | néng bu néng | | yí ge ěrjī |

➡ ＿＿＿＿＿＿＿＿＿＿＿＿＿＿＿＿＿＿＿＿＿＿＿＿

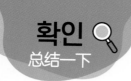

확인
总结一下

🌸 알맞은 말이 되도록 문장을 연결한 후 대화해 보세요.

11-10

1) 请给我看一下您的登机牌。

2) 请让一下。

3) 我们是一起的，您可以换一下座位吗？

4) 把行李放在哪儿？

A 请把行李放在行李架上吧。

B 好，这是我的登机牌。

C 行。

D 没问题。

11-11

1) 您想喝点儿什么？

2) 我们有鸡肉和牛排，您要哪种？

3) 不是还有别的吗？

4) 麻烦你，能不能给我一个耳机和一条毛毯？

A 请稍等。马上给您。

B 请给我一杯番茄汁儿。

C 我要牛排。

D 很抱歉。我们只有这两种。

眼罩
yǎnzhào
안대

救生衣
jiùshēngyī
구명조끼

MP3播放器
MP3 bōfàngqì
MP3플레이어

苏打水
sūdǎshuǐ
소다수, 탄산수

果汁儿
guǒzhīr
과일주스

红酒(葡萄酒)
hóngjiǔ (pútáojiǔ)
포도주

香槟
xiāngbīn
샴페인

鸡尾酒
jīwěijiǔ
칵테일

威士忌
wēishìjì
위스키

免税商品
miǎnshuì shāngpǐn
면세품

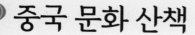 

중국 문화 산책

중국의 오악(五岳)

오악(五岳)은 중국 역사상 다섯 개의 명산을 일컫는 말로, 예부터 "东岳泰山之雄(동악태산지웅), 西岳华山之险(서악화산지험), 中岳嵩山之峻(중악숭산지준), 北岳恒山之幽(북악항산지유), 南岳衡山之秀(남악형산지수)"라고 평가되어 왔다. 다시 말해, '동악 태산은 남성같이 웅장하고, 서악 화산은 위태롭게 험하고, 중악 숭산은 높고 길고, 북악 항산은 깊어 아득하고, 남악 형산은 매우 빼어나다'는 의미이다.

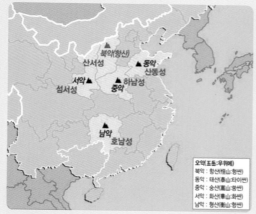

+ 중국 오악 위치도

+ 이태백이 썼다고 전해지는 '壮观(장관)'

+ 북악인 항산의 남서쪽에 자리한 세계 10대 불가사의 건축물 현공사(悬空寺)

UNIT 12

发 E-mail

fā E-mail

이메일 보내기

학습 내용

1. 이메일로 편지 쓰기　一封电子邮件
2. 날씨 표현하기　天气预报说今天会下雨。
3. 비교문 표현하기　哈尔滨比北京冷多了。

핵심 문법

1. 비교문
2. 시량보어(2)
3. 수량보어

하얼빈(哈尔滨)에서 매년 겨울에 열리는 빙등제(冰灯节)

사진으로
배우는
중국어

发电子邮件
fā diànzǐ yóujiàn
이메일을 보내다

发传真
fā chuánzhēn
팩스 보내다

发短信
fā duǎnxìn
문자 보내다

寄信
jìxìn
편지를 부치다

이메일 한 통 1

- 这几天 zhè jǐ tiān 요즘, 최근
- 心情 xīnqíng [명] 기분
- 天气预报 tiānqì yùbào [명] 날씨 예보
- 季节 jìjié [명] 계절
- 旅游 lǚyóu [명] 여행 [동] 여행하다
- 品尝 pǐncháng [동] 맛보다
- 美食 měishí [명] 맛있는 음식
- 方法 fāngfǎ [명] 방법
- 愉快 yúkuài [형] 유쾌하다, 기쁘다

고유 명사

- 洛阳 Luòyáng 뤄양 [허난(河南)성의 중심도시]
- 关林 Guānlín 관림 [관우의 묘가 있는 곳, 뤄양에 있음]
- 少林寺 Shàolínsì 소림사 [허난성 숭산(嵩山)에 있음]

이메일 한 통 2

- 过 guò [동] 지내다, 보내다
- 各种各样 gèzhǒng gèyàng 각양각색
- 冰灯 bīngdēng [명] 얼음등
- 比 bǐ [전] ~보다
- 有时候 yǒushíhou [부] 때때로, 가끔
- 大雪 dàxuě [명] 큰 눈, 대설
- 因为 yīnwèi [접] 왜냐하면
- 滑冰 huábīng [동] 스케이트 타다
- 滑雪 huáxuě [동] 스키 타다
- 越来越 yuèláiyuè [부] 점점
- 但是 dànshì [접] 그러나
- 流利 liúlì [형] 유창하다
- 该 gāi [부] 분명 ~일 것이다
- 希望 xīwàng [동] 희망하다, 바라다
- 更 gèng [부] 더, 더욱
- 提高 tígāo [동] 향상시키다
- 水平 shuǐpíng [명] 수준, 실력
- 敬上 jìngshàng [동] ~올림, 공경하여 올리다

고유 명사

- 哈尔滨 Hā'ěrbīn 하얼빈 [헤이룽장(黑龙江)성의 중심 도시]

1 秋天是旅行最好的季节。
Qiūtiān shì lǚxíng zuìhǎo de jìjié.

가을은 여행하기에 가장 좋은 계절입니다.

2 我学汉语学了已经一年了。
Wǒ xué Hànyǔ xué le yǐjīng yì nián le.

제가 중국어를 배운 지 벌써 1년이 되었어요.

3 我觉得旅行是一种学习汉语的好方法。
Wǒ juéde lǚxíng shì yì zhǒng xuéxí Hànyǔ de hǎo fāngfǎ.

저는 여행이 중국어를 배우는 좋은 방법이라고 생각합니다.

4 学汉语越来越难，但是很有意思。
Xué Hànyǔ yuèláiyuè nán, dànshì hěn yǒuyìsi.

중국어 배우기가 점점 어렵지만 재미있어요.

5 我能说一口流利的汉语，那该多好！
Wǒ néng shuō yì kǒu liúlì de Hànyǔ, nà gāi duō hǎo!

내가 중국어를 유창하게 할 수 있다면 얼마나 좋을까!

6 希望更快地提高我的汉语水平。
Xīwàng gèng kuài de tígāo wǒ de Hànyǔ shuǐpíng.

내 중국어 실력이 더 빨리 늘었으면 좋겠어요.

12-03

玛丽:
Mǎlì:

你好！ 这几天天气很好。 我的心情和天气一样好。
Nǐ hǎo! Zhè jǐ tiān tiānqì hěn hǎo. Wǒ de xīnqíng hé tiānqì yíyàng hǎo.

不过天气预报说今天会下雨。 秋天是旅行最好的季节。
Búguò tiānqì yùbào shuō jīntiān huì xiàyǔ. Qiūtiān shì lǚxíng zuìhǎo de jìjié.

我和宋丽丽正在洛阳旅游。 我们游览了关林和少林寺，
Wǒ hé Sòng Lìlì zhèngzài Luòyáng lǚyóu. Wǒmen yóulǎn le Guānlín hé Shàolínsì,

还品尝了很多美食。 我学汉语学了已经一年了。
hái pǐncháng le hěn duō měishí. Wǒ xué Hànyǔ xué le yǐjīng yì nián le.

我觉得旅行是一种学习汉语的好方法。
Wǒ juéde lǚxíng shì yì zhǒng xuéxí Hànyǔ de hǎo fāngfǎ.

祝你愉快！
Zhù nǐ yúkuài!

李秀英
Lǐ Xiùyīng

2020年10月3日

1 비교문(1)

'A 和 / 跟 B 一样 + 형용사/동사' 구조는 비교문으로 'A는 B와 같이 ~하다' 혹은 'A는 B만큼 ~하다' 라는 의미로 사용하는 구문이다.

- 今天和昨天一样冷。 오늘은 어제와 같이 춥다.
  Jīntiān hé zuótiān yíyàng lěng.

- 我跟你一样大。 나는 당신만큼 나이가 많아요.
  Wǒ gēn nǐ yíyàng dà.

- 这个手机和那个手机一样贵。 이 휴대전화는 저 휴대전화만큼 비싸다.
  Zhè ge shǒujī hé nà ge shǒujī yíyàng guì.

2 시량보어(2)

목적어를 가진 동사 뒤에 시량보어가 올 경우, 동사를 중복해 주고 두 번째 동사 뒤에 시량보어를 놓는다. 때때로 시량보어는 '的'와 함께 동사와 목적어 사이에 놓일 수 있다. 이때 '的'는 생략할 수 있다.

동사 + 목적어 + 동사 + 시량보어

- 我学汉语学了一年了。 나는 중국어를 배운 지 1년이 되었다.
  Wǒ xué Hànyǔ xué le yì nián le.

- 他们俩打网球打了一个半小时。 그들 두 사람은 한 시간 반 동안 테니스를 쳤다.
  Tāmen liǎ dǎ wǎngqiú dǎ le yí ge bàn xiǎoshí.

동사 + 시량보어 + (**的**) + 목적어

- 我学了一年(的)汉语了。 나는 중국어를 배운 지 1년이 되었다.
  Wǒ xué le yì nián (de) Hànyǔ le.

- 他们俩打了一个半小时(的)网球。 그들 두 사람은 한 시간 반 동안 테니스를 쳤다.
  Tāmen liǎ dǎ le yí ge bàn xiǎoshí (de) wǎngqiú.

참고 단어

俩 liǎ 두 개, 두 사람 | **网球** wǎngqiú 몡 테니스

李老师：
Lǐ lǎoshī:

您好！ 您过得好吗？ 我跟马克正在哈尔滨旅行。
Nín hǎo!　Nín guò de hǎo ma?　Wǒ gēn Mǎkè zhèngzài Hā'ěrbīn lǚxíng.

我们看了各种各样的冰灯，漂亮极了。哈尔滨比
Wǒmen kàn le gèzhǒng gèyàng de bīngdēng, piàoliang jíle.　Hā'ěrbīn bǐ

北京冷多了，有时候下大雪。我喜欢冬天，因为可以
Běijīng lěng duō le,　yǒushíhou xià dàxuě.　Wǒ xǐhuan dōngtiān,　yīnwèi kěyǐ

滑冰、滑雪。学汉语越来越难，但是很有意思。我能
huábīng、huáxuě.　Xué Hànyǔ yuèláiyuè nán,　dànshì hěn yǒuyìsi.　Wǒ néng

说一口流利的汉语，那该多好！希望更快地提高
shuō yì kǒu liúlì de Hànyǔ,　nà gāi duō hǎo!　Xīwàng gèng kuài de tígāo

我的汉语水平。
wǒ de Hànyǔ shuǐpíng.

祝您身体健康！
Zhù nín shēntǐ jiànkāng!

朴大韩敬上
Piáo Dàhán jìngshàng

2021年1月15日

1 비교문(2)

중국어에서는 조사 '比 bǐ (~보다)'를 통해 두 사물의 성질 등을 비교할 수 있다. 비교문에서는 정도부사 '很', '非常', '太' 등은 쓰일 수 없고, '还', '更' 등이 함께 쓰인다. 부정문은 '不比' 혹은 '没有'를 써서 표현한다.

> **A + 比 + B + 형용사** (A는 B보다 ~하다)

- 我比你大。 내가 당신보다 나이가 많다.
  Wǒ bǐ nǐ dà.

- 我比你更/还大。 내가 당신보다 나이가 더 많다.
  Wǒ bǐ nǐ gèng / hái dà.

> **A + 不比 + B + 형용사** (A는 B보다 ~하지 않다)

- 你不比你弟弟聪明。 당신은 당신 남동생보다 똑똑하지 않다.
  Nǐ bù bǐ nǐ dìdi cōngming.

> **A + 没有 + B + 형용사** (A는 B만큼 ~하지 않다)

- 你没有你弟弟那么聪明。 당신은 당신 남동생만큼 그렇게 똑똑하지 않다.
  Nǐ méiyǒu nǐ dìdi nàme cōngming.

2 수량보어

비교문에서 두 사물의 구체적인 차이를 나타낼 때 술어 뒤에 수량사를 보어로 놓는다. 차이가 매우 큼을 표현할 때에는 '得多'와 '多了'를 사용하고 차이가 아주 적음을 설명할 때는 '一点儿' 등을 사용한다.

- 我比你大两岁。 내가 당신보다 나이가 두 살 많다.
  Wǒ bǐ nǐ dà liǎng suì.

- 我比你大得多/多了。 내가 당신보다 나이가 훨씬 많다.
  Wǒ bǐ nǐ dà de duō / duō le.

- 他比我大一点儿。 그는 나보다 나이가 조금 많다.
  Tā bǐ wǒ dà yìdiǎnr.

• 참고 단어

那么 nàme 부 그렇게

듣기 🎧
听一听

1 녹음 내용을 듣고 질문에 적합한 것에 V를 표시하세요.

1) 他汉语学了一年。 ☐

2) 他以前没学过汉语。 ☐

3) 他汉语学了一年了。 ☐

2 녹음을 듣고, 그림과 일치하면 O표, 틀리면 X표를 하세요. 🔊 12-06

1)

2)

3)

3 녹음을 듣고, 내용과 일치하는 사진을 골라 번호를 쓰세요. 🔊 12-07

1) ☐

2) ☐

3) ☐

❶

❷

❸

말하기 🎙
说—说

1 밑줄 친 부분을 바꾸어 대화해 보세요. 🎧 12-08

A: 今天天气怎么样? Jīntiān tiānqì zěnmeyàng?
B: 天气预报说今天会下雨。 Tiānqì yùbào shuō jīntiān huì xiàyǔ.

1)

明天 / 刮风
míngtiān / guāfēng
내일 / 바람이 불다

2)

早上 / 有微尘
zǎoshang /
yǒu wēichén
아침 / 미세먼지가 있다

3)

下午 / 有雾霾
xiàwǔ / yǒu wùmái
오후 / 스모그가 있다

2 밑줄 친 부분을 바꾸어 문장을 완성해 보세요. 🎧 12-09

哈尔滨比北京冷多了。 Hā'ěrbīn bǐ Běijīng lěng duō le.

1)

贵 guì 비싸다

2)

快 kuài 빠르다

3)

潮湿 cháoshī 습하다

3 본문과 아래 예문을 참고로 중국 지인에게 안부 인사를 전해 보세요.

1) 跟谁去? 누구와 갑니까?

2) 去哪个地方? 어디에 가나요?

3) 游览哪个名胜古迹?
어떤 명소를 구경하나요?

4) 购买了哪些东西? 무엇을 샀습니까?

5) 品尝了什么菜? 어떤 음식을 먹었나요?

6) 天气怎么样? 날씨는 어때요?

쓰기 ✏️
写一写

1 보기에서 알맞은 단어를 골라 문장을 완성하세요.

> **보기**
> 多了 duō le　品尝 pǐncháng　游览 yóulǎn　但是 dànshì　各种各样 gèzhǒng gèyàng

1) 我们 ＿＿＿＿＿＿ 了嵩山的少林寺，还 ＿＿＿＿＿＿ 了很多美食。
   우리는 숭산의 소림사를 구경했고, 맛있는 음식을 많이 맛보았어요.

2) 学汉语越来越难，＿＿＿＿＿＿ 很有意思。
   중국어를 배우는 것이 점점 어려워지지만 재미있어요.

3) 我在哈尔滨看了 ＿＿＿＿＿＿ 的冰灯。　나는 하얼빈에서 각양각색의 얼음등을 봤어요.

4) 冬天哈尔滨比北京冷 ＿＿＿＿＿＿。　겨울에 하얼빈은 베이징보다 훨씬 추워요.

2 다음 단어를 알맞은 순서로 배열하세요.

1) 가을은 여행하기에 가장 좋은 계절이다.

   | 季节 jìjié | / | 是 shì | / | 最好 zuìhǎo | / | 旅行 lǚxíng | / | 的 de | / | 秋天 qiūtiān |

   ➡ ＿＿＿＿＿＿＿＿＿＿＿＿＿＿＿＿＿＿＿＿＿

2) 여행은 중국어를 공부하는 좋은 방법이라고 생각해요.

   | 学习汉语 xuéxí Hànyǔ | / | 我觉得 wǒ juéde | / | 旅行 lǚxíng | / | 好方法 hǎo fāngfǎ | / | 是 shì | / | 的 de | / | 一种 yìzhǒng |

   ➡ ＿＿＿＿＿＿＿＿＿＿＿＿＿＿＿＿＿＿＿＿＿

3) 내 중국어 실력이 더 빨리 향상되기를 바라요.

   | 更快 gèng kuài | / | 汉语水平 Hànyǔ shuǐpíng | / | 地 de | / | 我的 wǒ de | / | 希望 xīwàng | / | 提高 tígāo |

   ➡ ＿＿＿＿＿＿＿＿＿＿＿＿＿＿＿＿＿＿＿＿＿

🌸 알맞은 말이 되도록 문장을 연결한 후 대화해 보세요.

12-10

1) 今天你的心情怎么样？

2) 今天天气怎么样？

3) 你喜欢哪个季节？

4) 我觉得旅行是
一种学习汉语的好方法。

A 我喜欢秋天。
秋天是旅行最好的季节。

B 放假的时候，我就去旅行，
提高我的听说能力。

C 天气预报说今天会下雨。

D 今天天气很好。
我的心情和天气一样好。

12-11

1) 最近你过得好吗？

2) 哈尔滨比北京冷吗？

3) 你为什么喜欢冬天？

4) 学习汉语怎么样？

A 哈尔滨比北京冷多了。

B 我觉得学习汉语越来越难，
但是很有意思。

C 我过得很愉快。

D 因为可以滑冰、滑雪，
所以我喜欢冬天。

今天青岛的天气是晴天。
Jīntiān Qīngdǎo de tiānqì shì qíngtiān.
오늘 칭다오의 날씨는 맑아요.

今天济南的天气是阴天。
Jīntiān Jǐnán de tiānqì shì yīntiān.
오늘 지난의 날씨는 흐려요.

今天沈阳的天气打雷。
Jīntiān Shěnyáng de tiānqì dǎléi.
오늘 션양의 날씨는 천둥이 쳐요.

今天成都有很多雾霾。
Jīntiān Chéngdū yǒu hěn duō wùmái.
오늘 청두는 스모그가 많이 끼었어요.

今天海南岛很潮湿。
Jīntiān Hǎinándǎo hěn cháoshī.
오늘 하이난다오는 습해요.

今天吐鲁番很干燥。
Jīntiān Tǔlǔfān hěn gānzào.
오늘 투루판은 건조해요.

중국 문화 산책

허난성(河南省) 뤄양(洛阳)

뤄양(洛阳)이라는 이름은 이 도시가 낙수(洛水)의 북쪽에 위치한 데에서 유래되었다. 뤄양은 하, 상, 주 시기에 도읍이 되었고 한 고조 유방(刘邦)이 세운 한나라 시기에 대도시로 발전했다. 후한 말 동탁(董卓)이 전횡을 휘두르자 반동탁 연합군이 궐기하였고 이를 피해 장안(长安)으로 천도한 동탁은 뤄양에 불을 질러 폐허로 만들었다. 이후 군벌인 조조(曹操)가 황제에게 건의하여 뤄양을 재건하였다. 위나라가 세워지고 조조의 아들 조비가 뤄양을 다시 정비하여 새로이 황궁이 들어섰고 화려하고 번창한 도시로 부활하였다. 위를 이은 서진 역시 수도를 뤄양에 두었고 당나라가 중국을 통일하면서 뤄양은 장안 다음으로 큰 도시로 거듭나게 된다. 황하를 통해 경제적으로 발전한 도시였기에, 장강에 있는 대도시 난징(南京)과 더불어 당나라 이후부터 현대까지 갑부들이 가장 많이 거주하는 도시가 되었다.

✛ 숭산(嵩山) 소림사(少林寺)

✛ 관우의 수급이 묻힌 곳인 관림(关林)

✛ 용문석굴(龙门石窟)

✛ 중국 최초의 사찰, 백마사(白马寺)

본문 해석

및

정답

旅行安排
여행 계획

본문 해석

회화 1 💬
p.14

李秀英　우리 언제 상하이 여행 갈까?

宋丽丽　다음 주 월요일 아침에 비행기 타고 바로 상하이로 가자.

李秀英　무슨 요일에 쑤저우로 갈까?

宋丽丽　수요일 오전에. 쑤저우에서 하루 이틀 유람하자.

李秀英　그리고 또 어디 가지?

宋丽丽　목요일 오후에 항저우에 가자.

李秀英　언제 베이징으로 돌아올까?

宋丽丽　일요일 저녁에.

회화 2 💬
p.16

马克　　드디어 시안에 도착했어.

朴大韩　우리 우선 진시황 빙마용을 관람한 후에 화칭츠로 가자.

马克　　어디서 점심을 먹을까?

朴大韩　따옌타 부근에서 점심 먹자.

马克　　오후에는 무슨 일정이 있지?

朴大韩　오후 다섯 시에 탕런지에 한번 구경하자. 그 곳은 시안에서 가장 번화한 곳이야.

马克　　저녁은?

朴大韩　저녁은 우리 또 더파창에 만두 코스 요리 먹으러 가자.

듣기 🎧
p.18

녹음

1. A: 咱们什么时候去上海旅行？
   B: 这星期五下午。
   问: 他们什么时候去上海旅行？

2. 1) A: 怎么去西安呢？
      B: 坐飞机去西安。
   2) A: 还去什么地方？
      B: 坐火车到苏州。
   3) A: 下午有什么安排？
      B: 下午去唐人街一逛，那里是西安最热闹的地方之一。

3. 1) A: 在杭州游览几天？
      B: 在杭州游览两三天。
   2) A: 终于到了西安了。
      B: 我们先去参观秦始皇兵马俑，然后去华清池吧。
   3) A: 晚上在哪儿吃饭？
      B: 我们在德发长吃饺子宴吧。

1. 2)
2. 1) X　　　　2) O　　　　3) O
3. 1) ❸　　　　2) ❶　　　　3) ❷

쓰기 ✏️
p.20

1. 1) 终于　　　　　　2) 参观 / 然后
   3) 安排　　　　　　4) 热闹
2. 1) 咱们什么时候去上海旅行？
   2) 我们在苏州游览一两天。
   3) 星期日晚上从上海回北京来。

확인 🔍
p.21

1. 1) D　　　2) A　　　3) B　　　4) C
2. 1) B　　　2) A　　　3) D　　　4) C

UNIT 02

乘车
차 타기

본문 해석

회화 1 💬
p.28

李秀英 와이탄 가려면, 몇 번 버스를 타야 되지?
宋丽丽 바이두 맵을 좀 보자. 868번 버스네.

(버스에서)

李秀英 실례지만, 와이탄까지 몇 정거장 남았나요?
乘客 세 정거장 남았어요.
李秀英 역에 도착하면, 저에게 알려 주시겠어요?
乘客 알았어요. 당신 한국인이죠? 중국어를 잘하네요.
李秀英 별말씀을요. 아직 멀었어요.
乘客 곧 와이탄에 도착해요. 다음 정거장에서 내리세요.

회화 2 💬
p.30

司机 어디 가세요?
朴大韩 진시황 빙마용 박물관에 가려고 합니다.
司机 알겠습니다.
朴大韩 기사님, 여기서 거기까지 시간이 얼마나 걸리나요?
司机 막히지 않으면 대략 1시간 정도 걸립니다.

(1시간 후)

马克 길옆에 붙여서 차를 세워 주세요. 스마트 통합 카드 있습니다.
司机 네, 영수증 필요하신가요?
马克 영수증 필요합니다.

듣기 🎧
p.32

녹음

1. A: 去外滩, 坐几路车呢?
   B: 坐921路车。
   问: 去外滩, 应该坐几路车?

2. 1) A: 请问, 到南京路还有几站?
      B: 还有五站。
   2) A: 师傅, 从这儿到机场要多长时间?
      B: 不堵车的话, 大概要四十五分钟。
   3) A: 外滩到了吗?
      B: 外滩到了。请下车吧。

3. 1) A: 去南京路怎么走?
      B: 看看百度地图吧。
   2) A: 你汉语说得很不错。
      B: 哪里哪里, 还差得远呢。
   3) A: 您在哪儿下车?
      B: 靠边儿停车吧。

1. 3)
2. 1) O   2) X   3) O
3. 1) ❷   2) ❸   3) ❶

쓰기 ✏️
p.34

1. 1) 差   2) 快   3) 堵车   4) 停车
2. 1) 到站的时候告诉我, 好吗?
   2) 你(说)汉语说得很不错。
   3) 从这儿到机场要多长时间?

확인 🔍
p.35

1. 1) C   2) D   3) A   4) B
2. 1) C   2) D   3) B   4) A

UNIT 03

酒店入住
호텔 체크인하기

본문 해석

회화 1 💬
p.42

李秀英 빈방 있나요? 예약은 안 했습니다.

接待员 몇 분이시죠?

李秀英 여자 두 명입니다.

接待员 싱글룸만 있고, 일반실은 없습니다.

宋丽丽 방법을 좀 생각해 주세요. 좀 도와주세요.

接待员 다행히 체크아웃을 하려는 손님 한 분이 계시네요.

宋丽丽 보증금은 위챗으로 결제해도 되죠?

接待员 네.

회화 2 💬
p.44

朴大韩 샤워기가 고장 났어요. 수리를 좀 해주세요.

服务员 어느 방이죠?

朴大韩 508호입니다.

服务员 네. 제가 곧 가겠습니다.

(10분 후, 종업원이 도착했다.)

马克 저 수건 몇 장만 주세요.

服务员 알겠습니다.

马克 여기 와이파이 비밀번호는 몇 번이죠?

服务员 8이 여덟 개입니다. 무료로 사용 가능합니다.

듣기 🎧
p.46

녹음

1. A: 请问，有空房间吗?
   B: 只有标准间。
   问: 酒店里有房间吗?

2. 1) A: 你在哪个房间?
      B: 402。

   2) A: 服务员，请给我几条毛巾。
      B: 可以。马上给您。

   3) A: 你预订房间了吗?
      B: 我已经预订了。

3. 1) A: 对不起，没有空房间，都住满了。
      B: 请你帮个忙吧。

   2) A: 我的淋浴坏了。请你帮我修一下儿。
      B: 好。马上来。

   3) A: 这里WIFI密码是多少?
      B: 2020123。可以免费使用。

1. 1)
2. 1) X   2) O   3) O
3. 1) ❸   2) ❷   3) ❶

쓰기 📝
p.48

1. 1) 预定   2) 巧 / 退房
   3) 密码   4) 免费

2. 1) 请你想想办法。帮帮忙吧。
   2) 请帮我修一下儿。
   3) 请给我几条毛巾。

확인 🔍
p.49

1. 1) D   2) A   3) B   4) C
2. 1) B   2) A   3) D   4) C

UNIT 04

在餐厅
음식점에서

본문 해석

회화 1 💬
p.56

服务员 메뉴입니다. 주문하시겠어요?

李秀英 저는 새콤달콤한 걸 좋아해요. 송슈꿰위 하나 주세요.

宋丽丽 따쟈씨에 하나 주세요.

服务员 다른 건 필요 없으신가요?

李秀英 쏸라탕과 샤오룽빠오도 주세요.

服务员 주식은 어떤 걸로 하시겠어요? 밥 아니면 면으로 하시나요?

宋丽丽 밥 두 공기 주세요.

服务员 음료는 어떤 걸로 드릴까요?

宋丽丽 자스민차 하나 주세요.

회화 2 💬
p.58

马克 고수는 넣지 마시고, 냅킨 몇 장 좀 가져다 주세요.

服务员 네, 냅킨 여기 있습니다.

朴大韩 저희(가 주문한) 요리가 아직 나오지 않았어요. 조금 빨리 주실 수 있나요?

服务员 잠시만 기다려 주세요. 제가 한번 확인해 보겠습니다.

(식사를 마치고)

马克 저기요, 계산서 주세요!

服务员 여기 스캔하시면 됩니다.

马克 이 음식은 포장해 주세요.

服务员 네.

듣기 🎧
p.60

녹음

1. A: 服务员，请给我拿几张餐巾纸。
   B: 好。给您。
   问: 客人需要什么?

2. 1) A: 这是菜单，请点菜。
      B: 来一个大闸蟹，一个松鼠鳜鱼。
   2) A: 我们的菜还没上来，能不能快点儿?
      B: 我去看看。
   3) A: 你喝什么饮料?
      B: 来一壶花茶。

3. 1) A: 别放香菜。
      B: 好的。
   2) A: 这个菜打包。
      B: 可以。
   3) A: 今天我请客。服务员，买单。
      B: 扫这边就可以。

1. 1)
2. 1) O   2) X   3) O
3. 1) ❸   2) ❶   3) ❷

쓰기 ✏️
p.62

1. 1) 点   2) 放 / 拿
   3) 稍   4) 扫

2. 1) 我爱吃又酸又甜的。
   2) 请给我拿几张餐巾纸。
   3) 我们的菜还没上来。

확인 🔍
p.63

1. 1) D   2) C   3) B   4) A
2. 1) B   2) A   3) D   4) C

UNIT 05

购物
쇼핑하기

본문 해석

회화 1 💬 p.70

售货员 어서 오세요! 편하게 둘러보세요.
李秀英 이 티셔츠, 한번 입어봐도 될까요?
售货员 그럼요. 몇 사이즈 입으세요?
李秀英 중간 사이즈요.
售货员 이걸로 한번 입어 보세요. 어떠세요?
李秀英 이건 예쁘긴 한데, 조금 헐렁해요.
售货员 작은 걸로 바꿔 드릴게요. 다시 한번 입어 보세요.
李秀英 이건 딱 맞네요. 아주 좋아요. 저 이걸로 살게요.

회화 2 💬 p.72

朴大韩 이 당삼채는 얼마인가요?
售货员 580위안입니다.
朴大韩 너무 비싸요. 조금 싸게 해 주실 수 있나요?
售货员 이건 중국에서 가장 좋은 것으로 고품질이에요.
朴大韩 450위안은 어떨까요?
售货员 안 돼요. 최소 500위안이에요.
朴大韩 좀 더 싸게 해 주세요.
售货员 그럼 480위안으로 할게요.

듣기 🎧 p.74

녹음

1. A: 这个纪念品多少钱?
   B: 三百九。
   问: 这个纪念品怎么卖?
2. 1) A: 这件我可以试试吗?
   B: 可以。
   2) A: 你穿多大号的?
   B: 我穿大号的。
   3) A: 太贵了。能不能便宜一点儿?
   B: 不行，这是高档的。
3. 1) A: 这件怎么样?
   B: 正合适。
   2) A: 你试试这件。
   B: 这件好看是好看，不过有点儿瘦。
   3) A: 这件漂亮吗?
   B: 漂亮是漂亮，不过有点儿贵。

1. 3)
2. 1) O 2) X 3) X
3. 1) ❷ 2) ❶ 3) ❸

쓰기 ✏️ p.76

1. 1) 欢迎 2) 随便 3) 合适 4) 极了
2. 1) 这件好看是好看，不过有点儿肥。
   2) 太贵了。能便宜一点儿吗?
   3) 这是中国最好的，高档的。

확인 🔍 p.77

1. 1) D 2) C 3) A 4) B
2. 1) B 2) C 3) A 4) D

184

UNIT 06

问路
길 묻기

본문 해석

회화 1 💬
p.84

李秀英　실례지만, 지하철역이 어디죠?

路人1　바로 저기에 있어요.

李秀英　실례지만, 난징루 가려면 어떻게 가나요?

路人2　앞으로 쭉 걸어가서 첫 번째 사거리에서 왼쪽으로 도세요.

李秀英　여기서 먼가요?

路人2　그다지 멀지 않아요. 걸어서 가면 10분 걸려요.

회화 2 💬
p.86

朴大韩　실례지만, 이 근처에 편의점 있나요?

路人　　맞은편에 편의점이 하나 있어요.

朴大韩　어떻게 가나요?

路人　　우선 길을 건넌 다음에 오른쪽으로 도세요.

朴大韩　오른쪽으로 도나요?

路人　　맞아요. 편의점은 길 왼쪽, 은행 옆에 있어요.

듣기 🎧
p.88

녹음

1. A: 请问，百货商店离这儿远不远？

　　B: 不远。打的去要十分钟。

　　问: 百货大楼离这儿远吗？

2. 1) 公园离我家不远，就在我家的西边。

　　2) 马路对面有一个便利店。

　　3) 星巴克在银行旁边。

3. 1) A: 请问，去南京路怎么走？

　　　B: 一直往前走，到第一个十字路口往右拐。

　　2) A: 劳驾，这附近有超市吗？

　　　B: 先过马路，然后往左拐。

　　3) A: 请问一下，地铁站在哪儿？

　　　B: 在路的左边，百货商场旁边儿。

1. 2)

2. 1) O　　2) X　　3) O

3. 1) ❸　　2) ❷　　3) ❶

쓰기 ✏️
p.90

1. 1) 往 / 往　　2) 离

　2) 着　　　　4) 附近

2. 1) 对面有一家便利店。

　2) 先过马路，然后往右拐。

　3) 便利店在路的左边银行旁边儿。

확인 🔍
p.91

1. 1) C　　2) B　　3) D　　4) A

2. 1) B　　2) C　　3) D　　4) A

UNIT 07

用电话订票
전화로 항공권 예약하기

본문 해석

회화 1 💬   p.98

李秀英 여보세요! 중국국제항공이죠!
A   잘못 거셨습니다.

- -

李秀英 저는 베이징행 비행기 표 두 장을 예약하려고
        합니다.
售票员 어느 날짜를 원하시나요?
李秀英 8월 15일 오전 10시 정도로요.
售票员 편도로 하실 건가요, 왕복으로 하실 건가요?
李秀英 편도로 주세요.
售票员 알겠습니다. 항공편 번호는 에어차이나
        CA1620입니다.

회화 2 💬   p.100

王京   여보세요! 대한이구나!
朴大韩 방금 내가 너에게 전화했는데, 왜 통화가 안
        돼?
王京   나 홍콩에 있어. 출장 왔거든.
朴大韩 지금 너 뭐 하고 있어?
王京   나 쉬고 있는 중이야.
朴大韩 베이징행 티켓을 이미 샀어. 이번 주 토요일
        오전 10시 비행기야.

듣기 🎧   p.102

녹음

1. A: 去上海的机票你买到了吗?
   B: 买到了。八月二十五号周六下午四点
      的。
   问: 他买到了哪天的机票?

2. 1) A: 喂，您是大众公司吗?
      B: 对! 我是大众公司。
   2) A: 你需要哪天的机票?
      B: 十一月三十一号的。
   3) A: 电话打通了吗?
      B: 现在打通了。

3. 1) A: 我预订一张去上海的机票。
      B: 好的。
   2) A: 去西安的机票我没买到。
      B: 哎呀! 怎么办?
   3) A: 喂! 您是航空公司吗?
      B: 您打错了。

1. 3)
2. 1) O   2) X   3) X
3. 1) ❷   2) ❶   3) ❸

쓰기 ✏️   p.104

1. 1) 需要   2) 还是   3) 通   4) 在
2. 1) 我预定两张去北京的机票。
   2) 刚才我给你打电话了。
   3) 去北京的机票我已经买到了。

확인 🔍   p.105

1. 1) B   2) C   3) D   4) A
2. 1) B   2) D   3) A   4) C

UNIT 08

在免税店
면세점에서

본문 해석

회화 1 💬
p.112

售货员 이쪽은 할인 상품이고, 저쪽은 신상품입니다.

李秀英 이 핸드백은 소가죽이죠?

售货员 맞습니다. 직접 사용하시는 건가요, 아니면 선물하실 건가요?

李秀英 제가 쓸 겁니다.

宋丽丽 이런 종류의 가방은 잘 팔리죠, 그렇죠?

售货员 맞아요. 이건 최근 히트 상품이에요. 젊은 층에게 인기랍니다.

회화 2 💬
p.114

售货员 이쪽으로 와서 결제해 주세요.

朴大韩 여기 제 여권과 티켓입니다.

售货员 현금이나 신용카드 모두 사용 가능합니다.

朴大韩 잠시 생각 좀 할게요. 달러로 해도 될까요?

售货员 네. 여기 영수증입니다. 잘 챙기세요.

马克 이 두 가방은 각각 따로 포장해 주세요.

듣기 🎧
p.116

녹음

1. A: 请到这边来结账。
   B: 这是我的护照。
   问: 客人给售货员的是什么?

2. 1) A: 你自己用的还是送人?
      B: 我送人。
   2) A: 你用现金还是信用卡?
      B: 刷卡。
   3) A: 这两个包分开包装吧。
      B: 好的。

3. 1) A: 你看这种包怎么样?
      B: 真漂亮。很适合你。
   2) A: 这种化妆品卖得很快,是不是?
      B: 是啊。最近很受中国人的欢迎。
   3) A: 用美元,可以吗?
      B: 当然可以。这是发票,请拿好。

1. 3)
2. 1) X   2) O   3) O
3. 1) ❶   2) ❷   3) ❸

쓰기 📖
p.118

1. 1) 打折 / 新款   2) 热卖
   3) 让   4) 拿
2. 1) 最近很受年轻人的欢迎。
   2) 请到这边来结账。
   3) 这种卖得很快,是不是?

확인 🔍
p.119

1. 1) B   2) C   3) D   4) A
2. 1) B   2) A   3) D   4) C

UNIT **09**

在医院
병원에서

본문 해석

회화 1 💬　　　　　　　p.126

医生　어디가 불편하시죠?

李秀英　의사 선생님, 저 갑자기 설사를 했어요.

医生　배가 심하게 아픈가요?

李秀英　많이 아파요.

医生　링거를 맞아야겠네요.

李秀英　저 링거 맞기 싫은데, 약을 좀 처방해 주시면 안 될까요?

医生　그러죠. 이 약은 매일 세 번씩 매회 네 알을 드세요.

李秀英　알겠습니다.

회화 2 💬　　　　　　　p.128

医生　어디가 불편하시죠?

朴大韩　오늘 아침에 제가 일어나자마자 머리가 아프고, 기침이 나고 열도 좀 있어요.

医生　제가 한번 볼게요. 목구멍이 좀 빨갛네요.

朴大韩　감기죠?

医生　체온 좀 잴게요. 37.8도예요.

朴大韩　주사 맞아야 될까요?

医生　그럴 필요 없어요. 3일 동안 약 먹고, 푹 쉬면 금방 좋아질 거예요.

듣기 🎧　　　　　　　p.130

녹음

1. A: 你怎么了？是不是感冒了？你吃药了吗？
   B: 没吃。医生说我休息几天就会好的。
   问：医生说什么了？

2. 1) A: 你哪儿不舒服？
      B: 我有点儿头疼。不发烧。
   2) A: 这种药一天吃三次，一次吃两片。
      B: 知道了，一天吃六片。
   3) A: 我得输液吗？
      B: 不用了。吃三天药就会好的。

3. 1) A: 请给我开点儿药。
      B: 行。
   2) A: 疼得厉害吗？
      B: 还行。不过有点儿咳嗽。
   3) A: 今天早上一起床就头疼。
      B: 量一下体温吧。三十七度八。你感冒了。

1. 2)
2. 1) X　　　　2) O　　　　3) X
3. 1) ❸　　　　2) ❷　　　　3) ❶

쓰기 🖊　　　　　　　p.132

1. 1) 舒服　　　　　2) 厉害
   3) 输液 / 开　　　4) 咳嗽
2. 1) 请给我开一点儿药。
   2) 今天早上我一起床就头疼。
   3) 吃三天药就会好的。

확인 🔍　　　　　　　p.133

1. 1) D　　　2) C　　　3) B　　　4) A
2. 1) B　　　2) C　　　3) D　　　4) A

UNIT **10**

在机场
공항에서

본문 해석

회화 1 💬 p.140

李秀英 여기서 탑승 수속하나요?

工作人员 맞습니다. 여권과 티켓을 좀 보여 주세요.

李秀英 네, 우리는 창가 자리에 앉고 싶어요.

工作人员 가능합니다. 이 두 짐은 다 부치시는 건가요?

李秀英 네, 모두 부칠게요.

工作人员 짐을 여기 놓아 주세요.

李秀英 이 짐은 무거워요. 저 혼자서 못 들어요.

工作人员 제가 좀 들어 드릴게요.

회화 2 💬 p.142

朴大韩 어떡하지! 저 가방을 잃어버렸어요. 저 좀 도와주세요.

工作人员 조급해 마세요. 어디서 잃어버리셨나요?

朴大韩 아마 6번 탑승 게이트에서 잃어버린 것 같아요.

工作人员 어떤 모양인가요?

朴大韩 검은색 직사각형이고, 구찌 브랜드예요.

工作人员 안에는 어떤 게 들어있죠?

朴大韩 여권, 지갑 그리고 신용카드 몇 장이 있어요.

工作人员 걱정 마세요. 저희가 최대한 도와드리겠습니다.

듣기 🎧 p.144

녹음

1. A: 旅行包里面有些什么东西?
   B: 有护照、钱包、手机、信用卡，还有两百元人民币。
   问: 包里有些什么东西?

2. 1) A: 你的皮包在哪儿丢的?
      B: 可能是在十号登机口丢的。
   2) A: 你的皮包是什么样子的?
      B: 是红色长方形的。牌子是古奇。
   3) A: 我想坐靠窗座位。
      B: 行。

3. 1) A: 这儿办登机手续吗?
      B: 对。请出示一下儿您的护照和机票。
   2) A: 这两个行李都要托运吗?
      B: 托运。
   3) A: 我的钱包丢了。请你帮帮忙吧。
      B: 别着急。我们会尽量帮助你的。

1. 3)
2. 1) X   2) X   3) O
3. 1) ❷   2) ❸   3) ❶

쓰기 ✏️ p.146

1. 1) 办   2) 出示   3) 靠   4) 牌子
2. 1) 这个行李很重，我一个人拿不了。
   2) 可能是在六号登机口丢的。
   3) 我们会尽量帮助你的。

확인 🔍 p.147

1. 1) B   2) C   3) D   4) A
2. 1) C   2) A   3) D   4) B

UNIT **11**

在机内
기내에서

본문 해석

회화 1 💬 　　　　　　　　　p.154

空姐　탑승권을 보여 주세요.

李秀英　네. 여기 제 탑승권입니다.

空姐　좀 비켜 주세요. 여기가 손님 좌석입니다.

李秀英　(승객에게) 저희 일행인데, 자리 좀 바꿔주실 수 있을까요?

乘客　문제 없어요.

宋丽丽　감사합니다! (승무원에게 말하길) 짐을 어디에 두면 될까요?

空姐　짐을 선반 위에 올려 주세요.

회화 2 💬 　　　　　　　　　p.156

空姐　뭐 좀 드시겠습니까?

朴大韩　토마토주스 한 잔 주세요.

空姐　알겠습니다. 닭고기와 비프 스테이크가 있는데, 어떤 걸로 드릴까요?

朴大韩　또 다른 게 있지 않나요?

空姐　죄송합니다. 저희는 두 종류만 있습니다.

马克　수고스럽겠지만 커피 한 잔 더 주세요. 그리고 이어폰과 담요 하나만 주실 수 있을까요?

空姐　잠시 기다려 주세요. 곧 가져다 드리겠습니다.

듣기 🎧 　　　　　　　　　p.158

　녹음

1. A: 能不能给我一杯番茄汁儿和一个耳机?
   B: 请稍等。马上给您。
   问: 乘客需要什么?

2. 1) A: 真抱歉。我们只有鸡肉。
   　　B: 不是还有别的吗?
   2) A: 您想喝点儿什么饮料?
   　　B: 来一杯橙汁儿和一杯热咖啡。
   3) A: 把行李放在哪儿?
   　　B: 请把行李放在行李架上吧。

3. 1) A: 请给我看看您的登机牌。
   　　B: 好。
   2) A: 麻烦你,请让一下。
   　　B: 行。
   3) A: 您可以换一下座位吗?
   　　B: 没问题。

1. 1)

2. 1) X　　　2) X　　　3) O

3. 1) ❸　　　2) ❷　　　3) ❶

쓰기 ✏️ 　　　　　　　　　p.160

1. 1) 让 / 座位　　　2) 不是 / 别的
   3) 把　　　　　　4) 抱歉

2. 1) 请给我看一下您的登机牌。
   2) 请把行李放在行李架上吧。
   3) 麻烦你,能不能给我一个耳机和一条毛毯。

확인 🔍 　　　　　　　　　p.161

1. 1) B　　　2) C　　　3) D　　　4) A

2. 1) B　　　2) C　　　3) D　　　4) A

UNIT **12**

发E-mail
이메일 보내기

본문 해석

이메일 한 통1
p.168

마리:

안녕!

요 며칠 날씨가 좋네. 나의 마음도 날씨처럼 좋아. 하지만 오늘 비가 온다는 일기예보가 있었어. 가을은 여행하기에 가장 좋은 계절이야. 나는 송리리와 뤄양 여행 중이야. 우리는 관림과 소림사를 구경했어. 그리고 맛있는 음식도 많이 맛봤어. 나는 벌써 중국어를 배운지 1년이 되었어. 내 생각에 여행은 중국어를 배우는 좋은 방법인 것 같아.

즐겁게 지내길 바라!

이수영

2020년 10월 3일

이메일 한 통2
p.170

이 선생님께:

안녕하세요!

선생님 잘 지내고 계세요? 저는 마크와 하얼빈 여행 중이에요. 저희는 각양각색의 얼음등을 보았는데, 매우 아름다웠어요. 하얼빈은 베이징보다 훨씬 춥고 가끔 폭설이 내려요. 저는 겨울을 좋아해요. 왜냐하면 스케이트와 스키를 탈 수 있기 때문이에요. 중국어는 점점 어려워지지만 재미있어요. 제가 유창하게 중국어를 할 수 있다면 얼마나 좋을까요! 어서 빨리 제 중국어 실력이 늘었으면 좋겠어요.

건강하시길 바랍니다!

박대한 올림

2021년 1월 15일

듣기 🎧
p.172

녹음

1. A: 你学汉语学了多长时间了?
   B: 我汉语学了已经一年了。
   问: 他汉语学了多久了?

2. 1) 洛阳的秋天很好，是旅行最好的季节。
   2) 哈尔滨比北京冷多了。有时候下大雪。
   3) 我喜欢冬天。因为可以滑冰滑雪。

3. 1) 我正在洛阳旅游。我游览了关林和少林寺。我觉得旅行是一种学习汉语的好方法。
   2) 北京没有哈尔滨那么冷。
   3) 学汉语越来越难，但是很有意思。我希望更快地提高我的汉语水平。

1. 3)

2. 1) O   2) O   3) O

3. 1) ❷   2) ❸   3) ❶

쓰기 ✏️
p.174

1. 1) 游览 / 品尝   2) 但是
   3) 各种各样   4) 多了

2. 1) 秋天是旅行最好的季节。
   2) 我觉得旅行是一种学习汉语的好方法。
   3) 希望更快地提高我的汉语水平。

확인 🔍
p.175

1. 1) D   2) C   3) A   4) B
2. 1) C   2) A   3) D   4) B

Z

memo

memo